JEAN ORIZET

LA POÉSIE FRANÇAISE CONTEMPORAINE

Anthologie

COLLECTION
ESPACES

le cherche midi

23, rue du Cherche-Midi, 75006 Paris.

Vous pouvez consulter notre catalogue général et l'annonce
de nos prochaines parutions sur notre site Internet :
http ://www.cherche-midi.com

LE DÉSIR NEUF

L'ambition de cette anthologie est de faire découvrir au lecteur un instantané de la poésie de langue française qui s'écrit depuis une bonne cinquantaine d'années. L'entreprise est délicate, nous en sommes conscients, ne serait-ce que par manque de recul, celui-là même que s'accordent généralement des anthologistes plus circonspects.

Nous avons choisi de prendre nos risques, sans attendre le verdict d'une incertaine postérité. Après tout, il faut bien se jeter à l'eau, de temps en temps, ne serait-ce que pour mettre le processus en mouvement. On connaît la fameuse boutade : *C'est un grand avantage que de n'avoir rien fait, mais il ne faut pas en abuser.*

Jamais, la poésie ne s'est aussi bien portée que durant ces dernières décennies. Les recueils sont légion, même si les tirages sont limités, les éditeurs – petits surtout –, éditent, les revues pullulent, même si leur existence est souvent éphémère, les *lieux* de poésie se multiplient, même si le public est confidentiel, mais tout cela mis bout à bout représente des dizaines de milliers d'hommes et de femmes qui écrivent, lisent, écoutent et disent de la poésie. Cela n'existait ni du temps de Baudelaire, ni du temps de Rimbaud, ni du temps de Mallarmé, malgré le salon de la rue de Rome, ni même du temps des surréalistes, malgré leur sens de ce que l'on nomme aujourd'hui la « communication ». Alors, vivante, la poésie du dernier demi-siècle ? Oui, sans aucun doute. Ce livre en apporte une preuve. Combien de poètes, dans cette aventure, tirent ou tireront leur épingle du jeu – ou est-ce du « je » : vingt, cinquante, cent, davantage ? C'est selon. Mais chacun peut espérer.

Les spécialistes sont en général d'accord pour faire des années cinquante une période charnière dans l'évolution de notre poésie. Sur le plan historique, rappelons que la guerre de Corée, commencée en 1950, s'achève en 1953, celle d'Indochine commencée en 1946, se termine en 1954 tandis que, la même année, commence la guerre d'Algérie qui, elle, se prolongera jusqu'en 1962.

Nous ne prenons pas de tels points de repère au hasard ou par goût des batailles, bien sûr, mais parce que ces trois guerres-là, douteux héritage du grand choc de 1939-1945, suivi de la décolonisation et de la déstalinisation, marqueront, parfois profondément, des poètes ayant participé, ou non, à l'un ou l'autre de ces conflits.

Sur le plan politique et idéologique, on sait les affrontements auxquels les guerres d'Indochine et d'Algérie donneront lieu.

Les poètes qui s'expriment dans ces années-là sont nés entre 1920 et 1930. À de rares exceptions près, ils ne se réclament plus du surréalisme, soit qu'ils l'aient refusé, soit qu'ils l'aient dépassé. L'influence de la psychanalyse marque le pas ; le marxisme de même. La poésie « nationale » a fait son temps. En parallèle à l'éclosion du « nouveau roman » et en corollaire de l'existentialisme, la poésie connaît un clivage entre lyrisme et laboratoire. Il y a ceux qui font du poème un lieu d'investigation sur le langage même, et ceux qui reprennent à leur compte l'objet premier de l'activité poétique, à savoir la mise en présence du moi et du monde. Cet état de choses a revêtu deux formes en apparence contradictoires. La première, dont le héraut pourrait être Yves Bonnefoy, s'est traduite par la fuite en avant vers un texte à plusieurs sens, un « signifiant multiple ». La seconde, plus radicale, sous la bannière de *Tel Quel* puis de *Change*, avec Denis Roche et Jean-Pierre Faye, a sérieusement malmené le langage au point de déclarer, comme le fit Denis Roche, la poésie « inadmissible ».

Entre ces deux pôles, il y eut place pour de nombreux poètes qui surent faire la part du réel et du signifiant, sans oublier la dimension sensible.

De 1958 à 1968, l'influence de la linguistique et du structuralisme a pesé d'un poids réel, mais non déterminant, sur la création poétique. On a vu éclore des « manifestes » – électrique, froid, avec Matthieu Messagier, Michel Bulteau, André

Velter –, qui ont mis de l'animation dans le débat. Tout cela s'est estompé dans les années soixante-dix pour faire place à un retour du lyrisme libéré des conquêtes textuelles. Ce « nouveau lyrisme » représenté par ce que l'on a appelé une « génération de synthèse », a pris son essor dans les années quatre-vingt. Sa perception est très contrastée. Pour les uns, il s'agit d'un renouveau de la vitalité poétique ; pour d'autres, d'une régression. Quoi qu'il en soit, ces poètes renouent avec un *chant*, mais sans retourner, ni à un romantisme désuet ni à une mièvrerie lyrique, bien au contraire. Ce lyrisme, profane ou sacré, doit s'entendre ainsi : une présence de l'émotion dans le quotidien, un souci de vérité, de réel, de vécu. Les « nouveaux lyriques » se réclament volontiers de Hölderlin, de Rilke et de Milosz, ces trois grands romantiques et post-romantiques d'Allemagne et d'Europe centrale. Ces poètes s'appellent Benoît Conort, Guy Goffette, Jean-Yves Masson, Alain Lance, Dominique Sampiero. Voilà donc une génération qui est née dans cette période même où la poésie française franchissait un cap important. Cette génération a ses aînés : Tardieu, Guillevic, Rousselot, Bosquet, Renard, Sabatier, qui se voulaient fidèles à l'image, au lyrisme ample ou resserré. Leur écriture est d'une infinie souplesse et d'une grande diversité. De l'octosyllabe ou de l'alexandrin à l'exercice du poème en prose, du sonnet à l'élégie, il existe une gamme de registres dans laquelle chacun choisit *sa* musique.

On ne « classe » pas les poètes comme on le fait pour les insectes ou les poissons, mais il est permis de rechercher des thèmes ou des lignes d'écriture, sachant que ces thèmes et ces écritures bougent, se superposent et s'entrecroisent, parfois même jusqu'à la contradiction.

Essayons de baliser, peu ou prou, les chemins traversiers de l'expression poétique d'aujourd'hui.

La poésie d'inspiration philosophique ou attachée à la définition du moi occupe une place importante. Marqué par les présocratiques et la réflexion heideggerienne, René Char est un des éclaireurs de cette quête vivifiante qui oscille entre la pensée cherchant à définir et le dire poétique nourri d'intuition. Né seize ans après Char, Yves Bonnefoy (1923), est la figure emblématique de cette tendance qui fonde sa réflexion sur les rapports du langage et de l'être. Dans cette lignée, on peut citer Michel Deguy, Claude Esteban, Henri Meschonnic.

Entre la présence humaine et l'absence de Dieu, le poète attend, de la parole, des explications sur l'être ou le néant. Dans une vision cosmique ou tellurique, des poètes comme Pierre Oster s'efforcent de tout nommer en un long poème sans césure. Le passage de la poésie cosmique à la poésie mystique se fait assez naturellement. Après Claudel et Péguy, Pierre Emmanuel, Jean Grosjean, Claude Vigée, André Schmitz, Charles le Quintrec, Jean-Claude Renard ou Jacqueline Frédéric-Frié illustrent la tradition pérenne et féconde d'une parole poétique qui se veut approche du verbe divin.

Renouant avec des féeries anciennes dont Aloysius Bertrand (père du poème en prose avec *Gaspard de la nuit*) et Gérard de Nerval furent les tragiques hérauts, Roger Kowalski, Jean Joubert, Jean Malrieu, Annie Salager, Jean-Marc Debenedetti nous montrent que les ressources de l'imaginaire demeurent intactes pour celui qui veut en être l'explorateur.

Chez d'autres, le rêve se nourrit d'une réalité parfois banale. Ceux-là pratiquent une prose poétique plus narrative souvent, à la manière d'un Gil Jouanard, d'un Yves Martin, d'un Dominique Grandmont, d'un Franck Venaille, d'un Patrice Delbourg. Ils disent tous l'inquiétude, plus psychologique que métaphysique, l'absurde et l'angoisse de l'homme en proie à la ville qui l'écrase, au quotidien difficile d'où peut surgir un merveilleux comme l'exprimait si bien André Hardellet.

Cousins germains des précédents, les héritiers de mai 68 et, auparavant, de la *Beat Generation* et des poètes de San Francisco (Ginsberg, Corso, Ferlinghetti, Kerouac), remettent en cause leur époque et vivent leur poésie sous forme de fuites réelles ou immobiles, d'aléatoires quêtes du Graal. Daniel Biga, Alain Borer, Marc Pietri, Tristan Cabral, Michel Houellebecq sont ces modernes chevaliers à l'armure plus ou moins disloquée.

Dans ce même état d'esprit, et dans le sillage des poètes-voyageurs que la « modernité » avait lancés sur les routes et les mers – Apollinaire, Cendrars, Larbaud, Segalen, H. J.-M. Levet –, certains de nos contemporains ont repris le flambeau, et leurs errances de pèlerins ou d'esthètes cosmopolites nous dévoilent un monde à la fois multiple et standardisé. Ces pérégrins s'appellent Claude-Michel Cluny, Jean Pérol, André Velter, Frédéric-Jacques Temple.

On ne saurait passer sous silence ceux que l'on peut appeler les poètes du corps douloureux ou de l'identité fragile dont Bernard Noël est le plus illustre représentant. Parmi eux, citons Marie-Claire Bancquart, Lionel Ray, Richard Rognet, Claudine Helft, Jacques Izoard, Bernard Mazo.

Et puis il y a les iconoclastes, les dérangeurs du langage, ces poètes que l'on dit « d'avant-garde » selon l'expression consacrée. La plupart sont publiés chez Flammarion, sous la houlette d'Yves di Manno, dans la collection « Poésie » qui fut dirigée un temps par Bernard Noël et Claude Esteban. Ils ont aussi, comme port d'attache, les éditions *Al Dante*. Deux noms se détachent du peloton : Philippe Beck et Jean-Michel Espitallier. Mais on trouve aussi, dans cette collection, des femmes comme Ariane Dreyfus.

Dans un registre plus traditionnel, la poésie élégiaque continue de séduire certains de nos contemporains. Ils mettent, dans leur chant, le goût pour une nature – de plus en plus menacée –, miroir du monde et de l'homme. Parfois, le souci écologique pointe le bout de l'oreille. Ne cherchons pas, chez eux, quelque utopie ou référence au « bon sauvage ». Ils sont lucides et savent qu'ils vivent au XXIe siècle et non pas au temps de Rousseau. Beaucoup disent, dans leurs poèmes, l'attachement qui est le leur à un terroir ou un « pays ». C'est le cas de Jean-Vincent Verdonnet, de Christian Da Silva, de Joseph-Paul Schneider et des marseillais Yves Broussard, Jean-Max Tixier, Jacques Lovichi.

À partir des années soixante, on a vu l'apparition, un peu en retrait de l'écriture lyrique habituelle, de ce que l'on a appelé la poésie « minimaliste », ou « blanche », dont André du Bouchet fut le plus illustre représentant. Dans cette mouvance, on trouvera des poètes comme Yves di Manno, déjà cité. Leur écriture fragmentée, ponctuée de « blancs », mêlant poème très bref et prose plus développée, leur antilyrisme parfois nous donnent à voir un univers contracté, peu enclin à la séduction, mais qui exerce un réel pouvoir de fascination. Dans une certaine mesure, ils sont proches des avant-gardistes.

L'humour n'a jamais perdu ses droits chez les poètes. Dans ce registre, on lira avec délices les poèmes ou les courtes proses poétiques d'un Paul Vincensini, d'un Jean L'Anselme, d'un René de Obaldia ou d'un André Frédérique. Une surprise, dans cette anthologie : les textes grinçants du grand dessinateur Chaval. Voilà, rapidement esquissées, quelques lignes de force de la poésie contemporaine, émaillées de noms présents pour la plupart dans ce livre.

Nous savons que lorsqu'un critique examine une anthologie, il remarque d'abord les absents. Celle-ci n'échappera pas à la règle. Par exemple, il n'y trouvera pas les poètes consacrés du XXe siècle : les Char, les Perse, les Michaux, les Tardieu, les Ponge, les Bonnefoy, les Guillevic, les du Bouchet, les Jaccottet, les Deguy, les Bernard Noël, entre autres, pour la bonne et simple raison qu'ils sont « consacrés » justement par leur présence dans toutes les bonnes anthologies, jusqu'à celle de la Pléiade, parue en l'an 2000. Laissons-les à leur gloire et à leurs lecteurs. Ils n'ont pas besoin de nous.

Il n'y trouvera pas davantage certains poètes plus récents, parce qu'ils sont, eux aussi, déjà bien représentés dans les différents panoramas poétiques contemporains. Loin de méconnaître leurs mérites et la qualité de leur œuvre, nous avons préféré céder leur place à d'autres moins « installés », non sans regret, d'ailleurs. Mais, à vouloir les compter dans cette anthologie, mille pages eussent été nécessaires. Nous n'en disposions pas.

En revanche, figurent en tête de ce livre, des aînés importants mais parfois un peu oubliés à nos yeux : André Suarès, Luc Bérimont, Jean Malrieu, André Frédérique par exemple, et, plus loin, d'autres dont l'œuvre en devenir est déjà riche d'accomplissements. Là encore, il a fallu choisir et ce fut toujours difficile. Que les absents veuillent bien nous pardonner, en sachant que nous n'ignorons pas leur œuvre. Et puis, d'autres anthologies viendront.

Ce qui a aussi chargé la barque et rendu la sélection plus délicate encore, s'il se peut, est le fait d'avoir voulu présenter, non seulement des poètes de l'Hexagone, mais également des représentants de ce qu'on appelle communément la « francophonie », réalité vivante que l'on a tendance, comme la poésie, à vouloir enterrer un peu tôt. Impossible de les citer tous. Quelques noms, tout de même : Vénus Khoury-Ghata du Liban, Jacques Chessex de Suisse, Abdellatif Laâbi du Maroc, Édouard Maunick de l'Île Maurice, Jacques Izoard de Belgique, Hélène Dorion du Québec, Saïd Dib d'Algérie, Patrice Nganang du Cameroun. Ils sont nombreux – et souvent excellents –, ces poètes qui ont choisi notre langue. Peut-être même existe-t-il chez eux un élan vital, une rage à dire le monde qui font défaut, quelquefois, à nos poètes franco-français. Cette remarque nous conduit à évoquer l'esprit ou, si l'on veut, la tonalité que nous avons souhaité donner à cette anthologie. Même si nous l'avons voulue « ouverte » autant que faire se peut, un impératif nous a guidé dans nos choix : celui de l'émotion lyrique, fruit de la sensibilité au service de laquelle l'image doit conférer sa charge de sens.

Après les aînés, la deuxième partie présente les poètes de la génération née entre 1920 et 1950 ; la troisième donne à lire les poètes nés après 1950, les plus jeunes ayant à peine passé vingt ans. Cette troisième partie intéressera plus particulièrement, nous l'espérons, les lecteurs de la même génération, celle qui s'épanouira au XXIe siècle. Si le XIXe siècle fut celui du continu, le XXe, lui, a plutôt été celui du discontinu. Contre toute attente, le XXIe siècle, malgré les événements tragiques qui ont marqué son avènement, pourrait bien être, *lato sensu*, celui du poétique et de l'émotionnel. Dans les jours qui ont suivi l'effondrement des tours jumelles de New York, les proches des victimes venaient placarder des poèmes sur les palissades entourant « Ground zero », poèmes dédiés à la mémoire des disparus du 11 septembre 2001.

Nietzsche pensait qu'à l'extrême pointe de la modernité, on trouverait l'idée de l'éternel retour, image fondatrice pour les mythologues et les poètes.

L'homme de l'avenir est peut-être celui dont la vision du réel sera plus riche, incluant le sujet dans l'objet et inversement. Et si le poète était cet homme ?

Aujourd'hui, l'image intellectuelle du monde se dérobe, rendant hasardeux tout système. Entre macrocosme et microcosme, le décalage l'emporte. Nous avons depuis longtemps la conviction que cette notion de décalage joue un rôle déterminant dans la marche plus ou moins cahotante des choses. L'entrée de l'humanité dans le troisième millénaire s'inscrit sous le double signe du décalage et de la contradiction. Un écrivain contemporain exprime, à sa manière, une vision du décalage – c'est-à-dire un déplacement dans l'espace ou le temps –, quand il écrit : « Le temps vécu par la pensée est plus rapide que celui vécu par les usagers et la coutume. Le temps de la respiration est plus lent que celui des idées. »

Nous sommes là en opposition avec ce qu'affirmait, en 1930, le *Second Manifeste du surréalisme* dans une formule qui eut son heure de gloire : « Tout porte à croire qu'il existe un certain point de l'esprit où la vie et la mort, le réel et l'imaginaire, le passé et le futur, le communicable et l'incommunicable, le haut et le bas cessent d'être perçus contradictoirement. »

À en juger par ce qu'écrivent aujourd'hui certains poètes, rien ne porte à croire que ce point de l'esprit existe. Non seulement ces notions évoquées par André Breton ne tendent pas à cesser d'être perçues contradictoirement, mais plutôt elles alimentent, chacune avec sa bipolarité, ce décalage qui règne sur le monde et la société. Que la fusion des contraires reste l'objectif idéal vers lequel tendent certains de nos contemporains n'est guère contestable.

Mais au vu des résultats, un tel objectif reste situé à des millions d'années-lumière. Du grand livre unique et idéal dont rêvait Mallarmé au défi de la physique fondamentale actuelle, cherchant à rendre compatibles les deux grandes révolutions conceptuelles du XXe siècle que sont la relativité générale et la théorie quantique, il y a la même volonté démiurgique, chez le poète comme chez le physicien, d'élucider les tenants et les aboutissants de l'univers et de l'homme qui le peuple ou – si l'on se place dans une perspective spirituelle –, de connaître le visage de Dieu.

Tous les « ismes », politiques, philosophiques, littéraires, poétiques ou autres ont été jusqu'ici incapables de fournir une explication satisfaisante, et l'Histoire s'est chargée d'apporter de cruels démentis. Ce point conciliateur de l'esprit, ce rendez-vous des parallèles et des contraires auquel nous pensons tous, reste à découvrir. Il nous semble que les générations de poètes nés après 1950 cherchent moins une métaphysique générale, opposable à la société, qu'une explication de soi, une ontologie égotiste.

Selon Jean-Michel Espitallier dans sa préface à une anthologie parue en l'an 2000, *« la dernière décennie du siècle a vu la poésie française se renouveler en profondeur, ouvrir des voies inexplorées, reposer en termes neufs les questions de son statut, de ses limites et de ses formes »*.

Nous avons évoqué plus haut un « nouveau lyrisme » en phase avec son époque, celle de l'informatique et de la mondialisation. Espérons que celui-ci prévaudra. Rappelons cette définition de la poésie par Mallarmé : « l'expression, par le langage humain ramené à son rythme essentiel, du sens mystérieux des aspects de l'existence ».

Si la poésie se fait avec des mots, toujours selon Mallarmé, encore faut-il que ces mots aient du sens, dans une structure verbale harmonieuse qui distingue, d'ordinaire, la poésie de la prose, même s'il existe des proses d'une extrême harmonie.

La « modernité négative », le « lyrisme abstrait » ou le « minimalisme sémantique » évoqués par Jean-Marie Gleize, observateur attentif de la poésie d'avant-garde dans un ouvrage publié en 1992, ne sont pas notre fort, sauf si ce minimalisme obéit à des règles, comme dans le distique ou le quatrain, ou s'il parvient, en évitant la sécheresse, à capter l'intuition de l'éclair. Ne confondons pas minimalisme et concision.

Afin de coller au plus près à l'actualité de la création poétique, nous avons demandé à la plupart des poètes présentés de nous proposer un choix d'inédits.

Ils l'ont fait avec beaucoup de gentillesse et d'enthousiasme. Nous les en remercions.

Nous caressons le secret espoir, avec cette anthologie où l'ordre chronologique a été adopté, de donner à connaître et à aimer le plus grand nombre de poètes dans le maximum de registres au plus large public possible. À nos yeux, c'est vrai, la poésie est connaissance et amour. Nous l'associons à une idée de perfection et de pureté de la vie. Le poète s'éprouve comme subjectivité pensante, aimante et souffrante parce qu'il a besoin de percevoir le monde par la connaissance poétique qui s'exerce à partir de l'émotion. On ne nous enlèvera jamais cela de l'esprit. À l'égal du philosophe, le poète est attentif aux mouvements intérieurs de son être, là où les sentiments se muent en images et les métaphores en visions.

Même désespérée, entre humanisme et post-modernité, la poésie reste une possible religion de rechange, non pas au sens d'un domaine sacré capable de mettre l'âme en rapport avec Dieu, un dieu ou des dieux, mais par référence à une attitude intellectuelle et morale susceptible de constituer une règle de vie propre à favoriser l'épanouissement de la personnalité.

Le poète vient d'une oasis où la soif est intacte. Il y apprend et *nous* apprend le désir neuf. Face à la société future, nous voulons espérer qu'il maintiendra l'exigence de cet humanisme du cœur et de l'esprit. Il sait que l'écriture est un perpétuel « manque à naître » et pourtant, au fond de chaque mot, il assiste à sa naissance.

Il sait que la poésie est l'affirmation de l'humain contre la barbarie, qu'elle est l'éternelle jeunesse du monde et des civilisations.

Jean ORIZET
de l'académie Mallarmé

I

Salut à quelques aînés

ANDRÉ SUARÈS

(1868-1948)

GRIHAPATNI

Entrée solennelle de l'année

Tu es ma femme.

Ô suave attendrissement de l'accueil ! Comme la porte s'ouvre devant la nouvelle épouse, le seuil du cœur, pour la recevoir, s'illumine comme un regard, s'offre et s'abaisse comme une main. Livre-toi, laisse la pente te porter jusqu'à la vie nuptiale.

Viens, tu es ma femme.

Tu dormiras entre mes bras. Je prendrai tes pieds d'enfant entre mes pieds, et tes genoux entre mes jambes dures. Ton foie collera à mon cœur, et ton cœur à mon foie. Et le double arbre du sang, noir et rouge, à travers la peau, emmêlera ses branches. Et je serai par le milieu du corps ta vivante racine. À présent, nous formons le couple.

Tu seras à ta place, en ton lieu. Tu fermeras les yeux dans l'abandon total qui se confie. Tu songeras contre ma poitrine. Je sentirai ton souffle sur ma gorge ; et j'appuierai mon menton sur ta tête, et je te maintiendrai ainsi, comme le moissonneur lie une gerbe contre la terre. Car je suis ton maître et tu es ma substance. Mon bras qui te fait mal, si je n'y pense, te cerclera le dos comme une douve d'amour, et tu seras serrée contre la muraille de mon souci, désormais ! contre mon cœur d'homme qui protège.

Et dans les ténèbres, tu tiendras la main sur mon flanc, comme celle qui prête serment sur la chair, et qui atteste son droit : et mon cœur sera là, dans sa simarre rouge, ton juge et ton témoin.

Tu ne seras plus seule comme une graine qu'on mange, perdue dans la forêt des villes, où tout est dents, morsure et carie. Je voudrai pour toi, et je saurai pour toi.

Et tu seras celle qui aime, et que sa chaîne délivre. Or, tandis que tu dormiras, je veillerai. N'étant pas vu, je baiserai avec douceur la paille de tes cheveux, mûrissant sous ma bouche ; et je considérerai ton âme dans ton sommeil. Et tu ne connaîtras jamais toute ma douceur.

Car je suis l'homme, et tu es mon enfant. Tu es ma femme. Entre. Mais sois belle. Entre.

Bouclier du zodiaque
(CME, 1993)

LÉOPOLD SÉDAR SENGHOR

(1906-2001)

FEMME NOIRE

Femme nue, femme noire
Vêtue de ta couleur qui est vie, de ta forme qui est beauté.
J'ai grandi à ton ombre ; la douceur de tes mains bandait mes yeux.
Et voilà qu'au cœur de l'Été et de Midi, je te découvre,
    Terre promise, du haut d'un haut col calciné
Et ta beauté me foudroie en plein cœur, comme l'éclair d'un aigle.

Femme nue, femme obscure
Fruit mûr à la chair ferme, sombres extases du vin noir, bouche qui
    fait lyrique ma bouche
Savane aux horizons purs, savane qui frémit aux caresses ferventes
    du Vent d'Est
Tamtam sculpté, tamtam tendu qui gronde sous les doigts du vainqueur
Ta voix grave de contralto est le chant spirituel de l'Aimée.

Femme nue, femme obscure
Huile que ne ride nul souffle, huile calme aux flancs de l'athlète, aux
    flancs des princes du Mali

Gazelle aux attaches célestes, les perles sont étoiles sur la nuit de ta
    peau
Délices des jeux de l'esprit, les reflets de l'or rouge sur ta peau qui
    se moire
À l'ombre de ta chevelure, s'éclaire mon angoisse aux soleils prochains
    de tes yeux.

Femme nue, femme noire
Je chante ta beauté qui passe, forme que je fixe dans l'Éternel
Avant que le Destin jaloux ne te réduise en cendres pour nourrir les
    racines de la vie.

Poèmes
(Le Seuil)

JEAN GROSJEAN
(1912)

TEMPS

Le laboureur jette ses jurons
à la volée sur ses chevaux.
La terre retombe comme du sable
sur la brillante épaule du soc.

Tout le ciel tourne,
un ange te parle,
mais le temps n'est que toi-même.

Que tu t'avances d'un pas
et les futurs se prosternent.

Runes,
(CME, 1989)

CRI

Un matin comme les autres,
l'avoine coupée d'hier,
le verger jonché de prunes.

Le ruisseau ne cesse guère
de s'en aller sous la brume.

Un nuage à l'horizon,
l'agneau que sa mère oublie,
le pic-épeiche et son cri.

La grande herbe se balance
depuis les débuts du monde.

JEAN ROUSSELOT
(1913)

GLORIA

Le plus haut des cieux
Fut-il peint au coaltar
Ou bien les dernières étoiles
S'en sont-elles décrochées

Gloire à l'« À Quoi Bon » muet
sourd et caoutchouté
Qui roule dans la nuit
Caressant les fougères
Et notre vœu secret que Dieu soit s'il n'est pas.

RICHES HEURES

Truffes et maximes irréfutables
Et à deux pas La Boétie
Pour illustrer au mieux
Sous les yeux de Montaigne
Les Riches Heures de la Poésie
Seule capable de vaincre
Brides et garrots
Qu'on veut imposer
À l'esprit humain.

INVENDABLE VENDU

Quand je me croyais immortel
Je ne voyais que montagne
D'autos attendant la casse
Parmi des champs abandonnés
Un reflet bleu parfois y jouait les colchiques
Tout le reste n'était qu'invendable avenir
Qui s'est pourtant vendu.

L'IMPOSSIBLE

Manger de la belle amour
Faire boiter Poséidon
Rythmer les battements nocturnes du silence
Nous continuerons bien sûr
De faire l'impossible
Avant de nous évaporer comme
L'odeur du seringa.

GEORGES-EMMANUEL CLANCIER

(1914)

LE GUET

Sur le fin taillis des ramilles
à contre-jour du ciel d'hiver
longtemps l'oiseau en silhouette
noire surveillait l'horizon.

Te voyait-il à ta lucarne
vieil homme incertain de lui-même
entre lassitude et bonheur
d'un œil inquiet le contemplant ?

De l'oiseau corneille ou corbeau
guetteur à la cime des branches,
du rêveur perdu dans la neige
de l'âge et des pensées frileuses

lequel des deux inventait l'autre
lequel à la vie démentielle,
somptueuse, éparse en l'univers,
serait messager du futur ?

D'UN RIVAGE

Du jour qui va s'éteindre la lumière
a la déchirante beauté d'un être
aimé dont le sourire au loin s'efface.

Je n'ai plus les mots ni le chant hélas
en réponse à ce foudroyant silence
du monde aux rives déjà de l'absence

pour que de la blessure puisse naître
avec la vie fuyante une alliance
ultime éprise de paix et d'oubli.

PASSANTS D'OMBRE

Vous qui dans mes rêves vivez encore
n'êtes-vous là que vaines apparences
resurgissant d'une mémoire enfouie
ou vos ombres viennent-elles mendier
un reflet des jours aux miroirs des nuits ?

Poreuse alors entre somme et néant
l'incertaine frontière un frêle instant
vous aura laissés fuir l'éternité.

Oh ! frêle instant de joie et de douleur,
déjà vous retombez au ravin noir
et je remonte à la lueur des larmes.

ALAIN BORNE

(1915-1962)

SOUS LA CHEVELURE

Sous la chevelure avance
un long corps d'étoile,
nu comme le lac,
et fendu comme un arbre.

Sous la foudre froide,
un lait d'or figé,
où boit un serpent
rouge et prisonnier.

Double faux des cuisses
dans l'herbe nocturne,
éclat des aciers,
noués d'une fleur.

Ô marche odorante
d'une claire armure,
l'ouragan s'arrête
au porche des jambes.

Quel est ce rosier
qui a deux racines,
et si peu de feuilles
sur l'éclat des roses.

Si la nuit expire,
la couleur de l'aube
aura son miroir,
Ô corps solitaire,
que baise la nuit
d'un baiser sans lèvres,
que de lits te rêvent !

Poèmes d'amour
(CME, 2003)

ANDRÉ FRÉDÉRIQUE

(1915-1957)

HONNEURS

Comme il venait d'être élu pape, une grande fierté l'envahit. Il oublia ses amis du petit café : les joueurs de manille, les joueurs de boule, les garçons et même la fille à l'ombrelle.

Parfois sollicitant une audience un des vieux arrivait, après avoir traversé d'immenses salles vides dont le parquet reflétait son corps, jusqu'à son trône doré, cachant dans sa poche un vieux jeu de cartes qu'il sortait humblement pour lui rappeler le passé. Mais lui, sonnait ses hallebardiers qui jetaient dehors l'importun.

Contre les grilles, lorsqu'en brocart d'or et d'argent il descendait dans son parc porté sur sa chaise pour méditer pieusement, la fille à l'ombrelle venait s'écraser le visage pour le voir passer au loin, parmi l'encens, le bruit des orgues au-dessous d'un ciel toujours pur, et de là, agitait son mouchoir comme au départ d'un petit bateau. Bien loin, bien loin.

VOYAGE

Je me promène dans les pages des vieux illustrés. Question de se faire mince et la feuille enjambée, hop ! je me glisse rapide entre deux personnages du premier plan et gagne un coin d'où j'observe. Par contagion, la vie se remet en marche avec lenteur et les gestes s'achèvent, qui étaient amorcés. L'assassin abaisse son poignard. Un sang gris, à petits traits serrés, s'écoule de la plaie des victimes, sang de fusain, dont l'odeur bientôt m'est insupportable, odeur intense d'archives mouillées. De la bouche, pas un cri, mais un effort qui me perce – je sors à la hâte par le texte en dessous, couvert à mon arrivée de lettres et de points de suspension.

Je me mêle aussi à des idylles, des rondes de communiantes pour soulever leurs robes, sans danger. Pendant que j'en mets une à mal, elle continue à tourner en chantant avec les autres, sous l'œil paisible de la Mère supérieure. Après, je m'essuie à la robe. Il n'y a plus qu'à recommencer avec la suivante si l'endroit est trop déchiré.

Dans une course d'autos en couleurs, je me trouve par maladresse pris dans les roues du gagnant. Quel gâchis ! Tout un livre saccagé. J'en suis quitte pour quelques taches. Néanmoins, je ne puis oublier les muettes acclamations de la foule, son enthousiasme à notre arrivée au poteau.

CONDAMNÉ

Rien à faire pour lui couper la tête. En vain lui fait-on comprendre que s'il se détendait... Lui ne veut pas entendre raison. Le couperet s'ébrèche, la machine se coince. « Le voilà bien avancé ! », pense le bourreau en grommelant.

On ne se résout pas sans chagrin, après bien des procédures compliquées, à le fusiller au petit jour. Sans plus de succès. Les balles s'écrasent sur sa poitrine, à peine éraflée après douze salves. Le commandant du peloton s'éponge le front, désespéré.

On l'électrocute. Impassible, il observe l'évolution des machinistes autour des leviers. Le courant n'est pas ménagé. Dans la pièce une odeur d'ozone se répand.

On essaie de le pendre. Sans résultat. De l'étouffer entre deux matelas, de le noyer dans de l'huile bouillante. On lui injecte du blanc de zinc dans l'artère temporale.

À la fin, on lui rend la liberté. Ivre de joie, il sort en courant, se précipite au cou de sa femme qui l'attend avec un bouquet de roses à la porte de la prison, se pique le doigt aux épines, fait un mauvais mal blanc et après quelques jours de souffrance meurt misérablement sur un lit d'hôpital.

ÉPÎTRE AU LOGEUR APRÈS LES VACANCES

MONSIEUR,

Je tiens à vous signaler que la maison hantée n'a pas fonctionné comme convenu. Les cris de terreur ont été poussés bien au-delà de minuit et faiblement. D'autre part, ni ma femme, ni moi, n'avons entendu les bruits de chaîne promis. Quant au chien vert à sept queues annoncé, c'est un méchant roquet de sorcière à six pattes, à peau sulfureuse, mais sans reflets dans le couchant comme le décrit votre programme.

J'ai été très surpris de ne trouver qu'un décapité parlant dans le lit de ma mère. Nous avions payé, il me semble, pour elle comme pour nous. Il n'est pas juste que ce soit Monsieur votre oncle, couchant dans l'aile gauche du château, qui bénéficie seul de la ronde des squelettes et des vautours sanglants.

Si sa présence doit nous léser d'une partie du spectacle, je suis prêt à reprendre sa chambre pour y loger ma mère. Je garderai la petite chambre rouge et les fontaines de larmes pour mes deux petites-nièces.

Je vous fais remarquer en terminant que ce n'est pas nous qui avons fait fuir le couple enlacé dit des deux écorchés vivants.

Inutile de vous dire que les fantômes blancs à draperie, les esprits frappeurs et guivres ont fait correctement leur service.

Tâchez si faire se peut, comme le demande mon père, de nous faire avoir quelques scènes d'œil crevé, qui intéressent toujours.

Votre fidèle client, M. POINSSE.

L'Art de la fugue
(CME, 1992)

CHAVAL

(1915-1968)

LÉGENDE BRETONNE

Il était une fois un Breton nommé Le Plouk.

Marin de père en fils, il aimait bourlinguer et les tempêtes les plus effroyables le faisaient à peine se retourner. Il se contentait de fixer l'horizon à travers son vieux cuir tanné par l'eau de mer et au moyen de ses petits yeux gris clair et très durs qui en avaient vu d'autres.

Une nuit d'hiver, alors que les équinoxes se précipitaient tout au long des flancs de son rafiot, le *Jean-Jacques-Rousseau*, il jura mais un peu tard car il était croyant mais plus tout jeune. Aussitôt la mer déchaînée fit place à une belle jeune fille à poil recouverte d'une auréole. « Yves, lui dit-elle, formule deux souhaits et tu seras exaucé. » « Je voudrais un baromètre enregistreur », répondit Le Plouk sans hésiter. La jeune fille sortit de son sein un joli baromètre enregistreur pas neuf mais en excellent état. « Et comme second, monsieur prendra ? », reprit la nudité. « Je voudrais te baiser, mon enfant », répondit le vieux marin en allumant son regard.

Il te reçut une de ces baffes qui comptent dans la vie d'un Breton, puis au même instant l'apparition disparut, faisant de nouveau place à la tempête.

Telle est la légende que je viens de vous conter.

ÉTOILE – GARE DE L'EST

« Pourquoi pleure-t-il ? », demanda une vieille dame à une jeune femme qui tenait dans ses bras un bébé de quelques mois. « C'est parce que son grand-père est mort », répondit la maman. « Si jeune, c'est extraordinaire », dit la vieille dame. « Il avait soixante-quinze ans », dit la jeune femme. « J'en ai soixante-quatorze », dit la vieille dame. « Oh ! Excusez-moi », dit la jeune femme. « Il n'y a pas de mal », dit la vieille dame, « Ce sont peut-être ses dents », reprit la vieille dame. « Oh ! non, madame, répondit la jeune femme, il est mort tuberculeux. » « Oh ! pardon », dit la vieille dame. « Il n'y a pas de mal », dit la jeune femme. « Voyez comme il me regarde avec ses petits yeux », dit la vieille dame. « C'est parce que je lui ai mis de l'argirol », dit la jeune femme. La vieille dame ne trouvant rien à répondre toucha la menotte du bébé du bout de son ticket d'autobus. Le bébé prit le ticket et le mit à la bouche, ce qui est déconseillé par la Compagnie. Ensuite la vieille dame sourit au jeune couple, se leva, descendit de l'autobus pas encore parfaitement immobile et se foutit par terre. « Ce n'est pas l'arrêt », hurla le receveur pour dégager sa responsabilité.

MOLIÈRE

Molière est né le 8 janvier 1615 à Saint-Malo. Il étudia le français et le latin avec l'abbé Denier de Royat qui devait mourir plus tard. Son père, marchand drapier à Elbeuf, aurait voulu que Molière lui succédât à la tête de la maison, mais le jeune Molière n'avait que peu de goût pour les tissus paternels. Après huit années passées derrière le comptoir familial, un beau matin il s'échappa, muni d'une bourse bien plate, le pauvret. Ayant fait la connaissance de plusieurs jeunes gens de son âge, il se lia d'amitié avec l'un d'eux, Pierre Simon, puis, en 1626, épousa une veuve, Mme Lucie Delettre. Il mourut à Limoges en 1652. Son jeune frère, JeanBaptiste Poquelin, se fit remarquer par des pièces de théâtre amusantes et bien construites.

UNE COURSE DE TOROS

Il faut d'abord que je vous décrive le terrain.

C'est un très long rectangle incurvé dont une extrémité rejoint l'autre à la façon des hippodromes. Ce qui est amusant, c'est de voir la foule tellement multicolore et excitée. Les préparatifs durent longtemps, trop longtemps même, on commence à s'ennuyer. Enfin les picadors parviennent à faire placer les toros sur la ligne de départ, ce qui demande beaucoup de patience. Au coup de pistolet, les animaux se mettent à courir. Certains courent vite, d'autres lentement ; il y en a aussi qui s'arrêtent pour se gratter, ce qui déclenche des huées et des sarcasmes. « Grata, Grata », crie la foule, ce qui veut dire « Disqualifié ». Le gagnant est celui qui arrive le premier à son point de départ en ayant fait un tour complet, car s'il revient à son point de départ en refaisant le chemin parcouru, il est aussi « Grata » et ne compte pas, même s'il est le premier. Je ne sais pas si je me fais bien comprendre.

PRÉPARATION D'UN PRÉSIDENT DE LA RÉPUBLIQUE

Vous le mettez entièrement nu dans un local à 25 ° environ. Vous le lavez au savon de Marseille, *grosso modo*, le rincez, l'essuyez en laissant cependant une légère humidité qui vous permettra de roulotter les traces grisâtres qui pourraient subsister. Avec un tampon d'ouate imbibé d'une *bonne* eau de Cologne, vous frottez légèrement toute la surface à l'exception des muqueuses, pas de talc. Selon la température extérieure vous lui mettez un ou deux sous-vêtements de laine, la chemise, le pantalon, le gilet, le grand cordon, chaussures, un coup de peigne et en avant la musique. Bonne chance.

Les Écrits (CME, 2004)

JEAN MALRIEU

(1915-1975)

LE TEMPS ET MOI

Dans le mur, à l'heure où le chat-huant se retourne dans ses clameurs,
Éclaboussant dans le jardin les roses d'une nuit de ses couleurs
Qui ressembleraient étrangement à des flammes veillant à côté de leurs lampes,
Une couleuvre est de sortie hors des broussailles et rampe
Dans une fuite de sommeil dont les pierres sont déjetées.
C'est un sablier qui se renverse, le temps disjoint rejoint l'éternité.
Un frisson se retient, un nerf se rompt, une pincée de cendre
Amorce une chute retenue, entraîne un remuement. Rien qu'à l'entendre
La chaleur dans mon corps qui veut me rassurer, ma lâcheté serrant ses bras autour du cou,
Murmure qui me désole et me console : *« Tout durera bien plus que nous »*.
J'ai peur, je suis vivant. La chasse est dans le temps qui piétine dans la pendule.
Par la fenêtre ouverte, elle surveille la transhumance des collines noctambules
Et, soudain, fait s'envoler une compagnie d'étoiles dans l'éblouissement d'une beauté plus cruelle que le remords
Car il fait plus beau sur terre que dans les rêves. Et le sang qui se refuse se retourne comme un serpent et mord.
C'est la mort qui travaille et reste à mon écoute,
Et me construit et me détruit mon cœur qui bat la campagne comme un nomade court les routes
Dans le sourd tremblement d'une terre alertée
Par le désordre des charrois des fourgons nocturnes en déroute de l'été.

Poésies complètes
(CME, 2004)

LUC BÉRIMONT
(1915-1983)

PÂQUES À RIMBAUD

je crache sur la braise incandescente des lilas
Avec le petit frère Arthur qui (pour cause de grande mise en herbe
[additionnelle) n'est pas là !

Je piétine des eaux, belles comme des flammes
La *flache*, où galvaudaient les pas du doux infâme.

Toute la nuit, les rossignols ont déliré dans les jardins
Mêlés au sourd soleil des fumiers et des chiens.

En dépit de leurs chants, frais comme la rosée
Ils piquent le cadavre et la chair avancée.

Je pense, en me tournant, que je suis bien pareil
– Arthur aussi faisait de la charogne un miel –.

À contre-ciel, la lune effrange la Belgique
Gardée par un cordon de douaniers et d'anémones

Les premiers ont le cul d'un beau bleu métallique :
Ils marchent, savourant la tige de leur pipe.

Les autres sont tombées du vent, comme une aumône
Qui intéresserait la mousse, et puis personne.

À quelques pas, dans les ruisseaux à sangliers
Une truite qui dort reflète un peuplier.

Ah ! le spectacle spectaculaire de ces Ardennes
Où le museau des vents renifle les forêts

Où de l'or et du noir dans la lumière traînent
Accrochant du brouillard au printemps qui se fait

Et que dire d'Arthur endormi sur la scène
Sur le drap du feuillage et dans le lit du frai ?

Poésies complètes
(CME, 2000)

PIERRE EMMANUEL
(1916-1984)

LA CONSCIENCE DANS LE MAL

Cet homme souterrain qui se bâtit un corps
sous son corps étranger dont il feint d'être l'hôte
et, dans la crypte où nu à nu l'étreint la Faute
vit de perpétuer les œuvres de la Mort,

Comme il se tait en profondeur, guettant l'accord
de son mutisme et de l'étoile la plus haute
si fixe à ton zénith que le cœur en sursaute
Œil, escalier sans fin lové dans le remords !

Que le cœur de son cœur, quand l'attaque la vrille
sent vibrer son secret horriblement, et crie
de douleur, de bonheur ! un cri muet, le feu

Qui, perçant le silence aux entrailles, redresse
sous l'aiguillon l'orgueil sauvage de quel dieu
vautré dans l'homme creux comme en sa bauge épaisse.

Tristesse, ô ma patrie
(Fontaine, 1946)

RENÉ DE OBALDIA

(1918)

COQ AU VIN

La marquise, sans cause apparente, rendit son coq au vin sur le plastron de l'ambassadeur. L'assemblée voulut ne rien remarquer : elle était composée de nombreux diplomates.

Jusqu'ici, la marquise, jeune et singulièrement troublante, abreuvait de joie l'ambassadeur. Comment ce dernier aurait-il soupçonné que d'une bouche aussi divine, d'une telle voix de cristal, pussent jaillir des quartiers de coq, arrosés de ce liquide violet et généreux ?

Cela va attirer des complications avec la Russie, pensa le Turc qui faisait face à la marquise. Et de satisfaction, il lissa sa fine moustache. L'Angleterre, voisin de la beauté et heureux pendant de l'ambassadeur, ramena son genou à bâbord. Son désir de coloniser la marquise se trouva quelque peu refroidi. Wang-Wei-Tchou en profita pour soulever la question de l'Antarctique. Les points de vue échangés témoignèrent de l'intelligence des hommes d'État, ainsi que de leur amour réciproque pour les Esquimaux.

– La France restera toujours fidèle à sa tradition chevaleresque, claironna le général Beauchamp de Bompierre de Prepucet.

C'est à cet instant qu'une deuxième vague de coq au vin atteignit le Turc, un peu trop souriant, en pleine ceinture. L'on craignit pour les Dardanelles.

L'Amérique étala ses pieds sur la table. Un hobereau donna de la crête.

Plus éthérée que jamais, la marquise souriait à tous et se jeta sur la glace à la vanille. L'Angleterre prit nettement le large.

Tout de même, la paix fut sauvegardée dans le monde quelques mois encore.

Les Richesses naturelles
(Grasset, 1952)

ALAIN BOSQUET

(1919-1998)

Je suis las, je suis vieux.
Personne autour de moi
ne prend la peine de m'entendre.
C'est à toi que je parle ô mon poème
qui seras le dernier.
Toi qui es fait de mots,
sache que moi aussi
je suis un tas de mots
mélangés dans la boue
Que pourrais-je te dire
que tu n'as répété cent fois:
un peu trop d'ordre, un peu trop de désordre
se partagent ma vie.
Je n'ai séduit que quelques êtres
les uns si dérisoires,
les autres mous comme de lents insectes...
Nous sommes bien d'accord:
nous ne laissons aucun message
et préférons, petit ruisseau,
un semblant de musique au crépuscule
là-bas, près d'un village où rien n'est important.
Je te corrige
mais c'est toi désormais qui peu à peu m'effaces:
Voici ton tour, mon cher poème
d'être enfin mon auteur.
Pardonne-moi
mes lâchetés, mes masques, mes astuces:
je me suis efforcé de croire en toi,
à défaut de respect pour moi-même.
Je ne te laisse aucun trésor
et ma sagesse
n'est pas recommandable:
il en existe de plus fines
sous n'importe quel arbre au milieu des cailloux.
Demande à quelqu'un d'autre

de rédiger ta fin, pour qu'elle soit brillante.
Je n'en ai plus la force et je bavarderais.
Tu n'es qu'une sorte d'esquisse,
un premier mouvement, un peu d'humeur.
Adieu, demain je ne sais qui va t'embellir,
et te prêter quelque mystère.
Soyons dignes tous deux, nos pleurs.
Je choisis de mourir quelconque.

Poème inédit écrit par Alain Bosquet
à l'hôpital entre 1997 et le 17 mars 1998.

Je porte ma Bosnie au fond du crâne
Je porte ma Bosnie dans mon thorax.
Je porte ma Bosnie entre mes testicules.
Elle m'empêche de respirer
Elle m'empêche d'être.
Donnez-moi un fusil.
pour trancher quelques gorges
pour éventrer deux ou trois écolières.
Pardonnez-moi
si je suis trop civilisé :
tuer est un plaisir,
tuer est un devoir.
L'Europe était heureuse :
une Suisse qui tient l'azur en laisse
une Bourgogne où Dieu trouve tous les conforts ;
une Toscane où les juments
broutent les marguerites,
Une Écosse à la peau plus douce que velours.
Pourquoi, vils assassins,
dérangez-vous cette harmonie ?

JEAN L'ANSELME
(1912)

LE DISQUE-OBOLE

à Phidias

C'est un jeu – ou un sport – nouveau appelé à un très grand succès, particulièrement dans les pays industriellement développés (P.I.D.) : il consiste à jeter une pièce de monnaie, comme un petit disque, dans le chapeau que vous tend un pauvre. D'où son nom : LE DISQUE-OBOLE.

Tout lancer réussi permet au gagnant d'emporter le contenu du chapeau préalablement rempli des pièces n'ayant pas atteint leur but pendant que le pauvre remercie le lanceur de son geste généreux.

L'ART MODERNE

Un matin, alors que dans l'aube sereine,
tintinnabulaient les clarines des troupeaux
et que, dans les brouillards naissants,
les feux des lucioles s'éteignaient
dans le parfum des asphodèles,
ma femme, en mettant le lit dehors,
me dit :
c'est fou comme tu transpires quand tu dors !

JACQUELINE FRÉDÉRIC-FRIÉ

(contemporaine)

... ORS ...

Le
terreux
interchange
lumière et son,
mais
arrive qu'il fasse
mémoire
belle
de
l'
Indissocié.

S'
Y
suspendre,
un
éclair
d'
éon,
en
proche
Évidence
induit.

... il
prend force
à
mâcher le Verbe,
à
franchir
Ses

espacements :
il
se
substantifie.

L'
augmente
toute
mesure,
le
leste
de
sa
fraction
d'
infini.

À
frôleuse,
très
humaine
portée,
l'
intactile,
fissile
à
mort,
Amour.

L'
éperdue
de
l'
Amant,
l'
extatique
âme sans face

à
Face,
accepte.

L'
esprit supplée !
Rien
avec
rien
coïncide !
Force
reste
à
la
foi !

... rosée
de
louange
à
fleur de terre
sur
douce,
dérivante
longitude
en-
dormie.

En
vient
ce frémir
de
flancs serrés
sur
Vide,
lame

de
fond, presque
larme.

Ainsi
passe
-t-
il
son
seuil
de
silence :
l'
Intime
attend.

II

La génération née entre 1920 et 1950

DANIEL GÉLIN

(1921-2002)

MORTE-EAU

À peine chancelante, mon âme est à morte-eau.
Vraiment rien ne se passe, ne me tracasse.
Je sens mes nerfs brûlés se dessécher
Encore abandonnés comme un morne varech,
Sentant le sel, le sable et la méchanceté d'un soleil dédaignant.
J'attends, j'entends mes viscères patienter
Organes convalescents mais prêts à se signaler.
Je fais de tendres efforts
Pour espérer le battement des horloges de la marée
Presque violente et comme moi indignée des malheurs
De ce monde qu'il faut subir.

Ou alors, ou bien alors,
Cette marée basse qui éloigne les oiseaux des rivages
Et s'amuse à devenir miroir pour le grand ciel scintillant
Du bleu exquis d'un ange
Où l'on sent que tout est possible
Et digne d'être chanté, de s'enchanter du passé,
Des enfants et des prières à peine murmurées des Justes
Méconnus comme il se doit.

Au-dessus, sur la ville corsaire, le cri joyeux et cruel des mouettes.
Ce cri encourage à me souvenir, à redevenir l'enfant exalté de tout
Ou le vieillard « abymé » qui fait de lumineux projets
Juste avant l'arrivée de l'Ankou [1].

---

1. Mot breton signifiant la Mort.

FRÉDÉRIC-JACQUES TEMPLE
(1921)

GRAINS D'AMBRE POUR UN KOMBOLOÏ

KATSIMBALIS

De sa maison, épaisse
d'ombre et de silence,
17 Alexandre Soutsou,
le Colosse est parti,
sa voix de tonnerre
ne réveille plus les coqs.

EX VOTO

Une menotte de fer blanc
pour remercier
ou pour prier
les mille dieux
en un.

LA PRISON DE SOCRATE

Dans la cellule
où perdure la sage parole,
ils se photographient,
niais et satisfaits,
les vacanciers.

SUR L'ACROPOLE

Nous buvons du résiné
sur des pierres tutélaires
décorées de coquelicots
sous le regard des Caryatides
de résine.

CHEZ DEMOCRITOS

Les platanes tamisent
le soleil en furie,
c'est l'heure des tavernes
envahies d'ombre et d'ouzo.

THESSALONIQUE

Au vieux palais Koffa
c'est la fête
pour les cent ans
de la librairie Molha.
Un perroquet
parmi les livres
fiente et marmonne.

•

Ce crâne déserté
fut couronné de myrte
et d'or.
Son amour des chevaux
accoucha d'un empire.
Sous verre, ces reliques
règnent à jamais.

•

Le relent musqué
des cabris monte
avec le soleil
sur les collines
de cistes roses.

CLAUDE VIGÉE
(1921)

LA GRANDE PASSACAILLE[1]

Écoute le roulement des galets dans la mer !
Hors les murs nus de l'être prolongeant
la hantise de la musique muette,
soudain murmurent en nous les flûtes du crépuscule.
Dans le passage de notre souffle mortel
les mots tracent le sens que nous espérions rencontrer
en explorant du regard
chaque soir chaque matin qui hennit en plein ciel –
la bouche ouverte boit
le vent pluvieux toujours resurgissant,
le vent qui vient d'ailleurs
et porte en soi comme une absence
le silence pareil au germe jaillissant
hors du commencement sans visage et sans lieu :
respirer de nouveau, plonger dans le temps fabuleux des noces
où s'étreignent le jour et la nuit emmêlés.
Afflux divin du livre qui en porte le rythme
comme une lame de fond arrachée au ventre de la mer,
chevaux d'écume dansant, caracolant, puis tout à coup
se cabrant pour jouir
jusqu'à la crête mortelle et blanchissante du ressac.

1. Sur un air de l'*Armide* de Jean-Baptiste Lulli.

DANIEL BOULANGER
(1922)

RETOUCHE À L'ARBRE

il s'habille au printemps
sans cacher cet orgueil
d'avoir enduré nu les froids

quand la lumière quitte toute chose
on dirait qu'il apprend à voler
tout en gardant la pose

et dans le contre-jour il mime sa fumée

RETOUCHE A LA BEAUTÉ

le temps en ciel de lit
la ville aux jardins sur le ventre
un coude sur la nue sommeille

au ras du fleuve
les oiseaux ont pour nids les fenêtres
par les reflets piquées d'insectes de couleurs

et dans l'eau de l'été la mémoire profonde
se baigne avec tous ses bijoux

JEAN-CLAUDE RENARD

(1922-2000)

UN AUTRE REGARD

Si tu vois ta mort
sans y redouter
ce qu'elle dévie
vers le vent du Nord,

tu verras ta vie
mûrir, s'envoûter
d'un soleil plus fort
que ne l'est le sort

fatal et hagard
de la voie suivie,
et ne te coûter
qu'un autre regard

ouvert par vigie
sur le seul vrai port
où trouve magie
ce que rien n'endort.

APPROCHE DE LA MORT

La parole, aujourd'hui, s'éloigne de mon corps

– me laissant pressentir que bientôt vont s'éteindre les braises et l'été qui réchauffaient mon sang

et paraître à leur place un étrange silence dont mon âme a pourtant attendu qu'il me dise, dans l'exil et l'exode,

ce qu'est et que n'est pas, en un même mystère, le dieu auquel jamais je n'ai cessé de croire comme s'il m'habitait, sans que rien ne le prouve, parfois de sa présence parfois de son absence,

tout en les unissant et en les dépassant.

Cette mort qui s'approche m'apprendra-t-elle enfin si m'y sera donné *plus* que n'offre la vie ou *moins* que ne seront les cendres de ma cendre ?

Qui ou quoi ?
(CME, 1997)

ROBERT SABATIER

(1923)

Je pense trop, je pense mal, je pense
sans la pensée et sans la violette.

Loin sur la mer où furent caravelles,
loin sur la terre où fut tant de beauté,
retire-toi. Ne parle qu'aux insectes
par le regard. Nocturne, sois nocturne.
N'aime du jour que la nuit qu'il promet.

Ou bien, saisi par des amours nouvelles,
choisis l'aurore et sois son jeune époux
pour enfanter des étoiles de plus.

Que de couleurs dans le noir ! Que de sons
dans le silence ! Il faut les recueillir
sans oublier pensée et violette.

Peut-on parler de tristesse quand l'aube
s'épanouit ? Je me voulais joyeux
mais sans la joie – avec le repentir
des pleurs en moi, des rires pour les autres
pour que l'on dise : Il n'est pas sérieux !

Les érudits jettent leurs fleurs coupées.
Moi, je les garde en ma terre secrète
où je préserve un parfum de silence.
Ce que j'ignore est là pour féconder.
Lors, je m'entraîne à ne pas trop savoir.

Et les oiseaux ? Que dire des oiseaux ?
Sinon qu'ils sont. Je me tais, je regarde.
Si je suis arbre en moi je les abrite.
Je me fais graine. Une guitare chante
quand mille becs picorent sur ma peau.

Peut-on parler... ? Que me fait la parole !
Le vrai langage est onomatopées.
Je tiquetaque ou roucoule ou craquète.
Quel est ce fou ? Que ne suis-je un nuage
pour écouter la bouche du visible !

Les yeux fermés tu recherches une chose.
Les yeux ouverts tu ne la trouves pas.
Qu'il serait bon de vivre dans l'ailleurs
et dans l'ici de vivre en même temps.

La volupté des jours dont tu t'enivres
et cette faim de tes nuits à venir...
Doux voyageur, tu te manges toi-même.

Le sablier sans sable et la clepsydre
dans l'eau qui court. Nuage après nuage,
dune après dune, interroge, interroge !
Sais-tu que l'être est l'absence de l'être ?

L'oiseau s'envole. Une flèche le perce.
Où la réponse et qu'est la question ?
L'oiseau ? La flèche ? On ne le saura pas.

JEAN-VINCENT VERDONNET

(1923)

Paysage dont les couleurs
doivent tant de délicatesse
à quelque magie ancienne

en lui murmure une grandeur
subtilement liée au lieu

En avril une liqueur rend
à la moindre herbe son relief
et le ciel en douceur invite
au partage de cette ivresse
qu'offrent les cerisiers en fleur

Le bleu si pâle en fin d'automne
celui de l'hiver qui retraite
accusent une lassitude
que l'on devine passagère

et t'y perdre est juste rançon
à l'écart
                s'il te renouvelle

Ivre de l'odeur du tilleul
chaque heure a quitté le clocher
au gré d'un lent après-midi

Sur la place grince l'enseigne
de l'échoppe du cordonnier
Un souffle d'air passe et s'en va
cueillir l'aveu d'une ruelle
où la vie
                ne tient qu'à un fil
de silencieuse lumière

Somnolant derrière ses grilles
le parc austère buis et lys
Près de l'étang penche une ombrelle

Entre l'hier et l'aujourd'hui
un piano ses notes frêles
rétablissent le dialogue
par la touffeur interrompu

PHILIPPE JONES
(1924, Belgique)

PORTRAIT DU LIEU

Jamais plus c'est toujours un chemin qui s'éprouve

le rejet d'un oiseau recherche un autre envol, dans ce besoin d'ailleurs qui se heurte et se brise

aux volets, aux façades, dédale d'un discours où l'argument se fuit au croisement des phrases

tout est détour, la ville et son enfermement, poursuivi de rumeurs, travaillé par les chiens

par le chuintement gras du passage d'autrui ; et le jour ne s'éteint que pour d'autres réveils

la ville et c'est soi-même, en séquence, en délire, la rongeuse ou fantasque, la dérobée, la folle

qui se nourrit d'excès et de quelques reliques, de vitrine en sous-œuvre, on fait ou fait valoir

La recherche de l'autre est la floraison d'être

---

toute phrase est gésine
une vague à venir
et sans terme certain
à la croisée des sens
elle est graine porteuse
et selon la rencontre
elle sera ce fruit
et sa propre semence

D'encre et d'horizon (La Différence, 1989)

LOUIS CALAFERTE
(1928-1994)

VOUS

Vous ne savez pas combien je m'obéis durement.

Entre moi et vous, il y a moi.

Vous ne vous en doutez toujours pas, mais je suis là.

Mon Dieu, tenez-moi dans votre élévation.

Mettons
si vous voulez
un badigeon bleu pomme
et des larmes de lait ou de miel
un smoking
de chez le grand faiseur
un accent d'angora
quelque chose d'antique
étincelles en moire
le cuir anglais d'antan
un glabre majordome
deux ou trois aunes du plus noble des shirting
limited C° and C°
Milan à l'Opéra
la virtualité insigne d'un grimoire
une grappe de fruits
le craquant d'un biscuit
et même un peu d'orgeat

Mettons
si vous voulez
un cerveau d'astronome
Et ce sera la nuit

Vous êtes belle
belle
belle
Vous êtes belle comme un calorifère

Si je vous disais tout !

On ne vous pardonne pas de vous suffire à vous-même.

> Indécise cité des femmes
> vos mains
> beaux peignes effilés
> vos mains de feuilles fortes ô mains fidèles et adroites
> nous vous fûmes confiés indociles à vous fuir
> mains d'ondées ô gracieuses
> à nos têtes d'enfants exerçant leur science
> exorables
> légères
> mains à bouquets mains à blessures
> mains salutaires à nos fronts
> Épouses des enfants

Si vous voulez le fond de ma pensée, préparez-vous à une chute vertigineuse.

Vous avez laissé faire un monde de corruption.
Vous avez laissé faire un monde de mensonge.
Vous avez laissé faire un monde de lâcheté.
Vous avez laissé faire un monde d'ignorance.
Vous avez laissé faire un monde de routine.
Vous avez laissé faire un monde de pauvreté.
Vous avez laissé faire un monde de souteneurs.
Vous avez laissé faire un monde d'équarrisseurs.
On arrête.
On emprisonne.
On torture.
On assassine.
Et maintenant – qu'est-ce que vous espérez ?

Non, je ne suis pas mort, mais que ça ne vous empêche pas de m'envoyer des fleurs.

RÉCOMPENSE

Si vous êtes raisonnables toute la semaine
Si vous faites bien vos devoirs
Si vous apprenez bien vos leçons
Si vous ne vous battez pas avec vos camarades
Si vous ne tirez pas la queue du chien
Si vous mangez bien votre soupe
Si vous ne faites pas crier votre grand-mère
Si vous vous lavez les mains avant de vous mettre à table
Si vous vous brossez bien les dents
Si vous allez vous coucher sans pleurer
Si vous faites votre prière tout seuls
Si vous êtes bien sages avec maman
Dimanche on ira voir papa à l'asile

Je vous laisse tomber. Je ne marche pas dans vos conneries d'avenir idyllique.

Choses dites
(CME, 1997)

GUY CHAMBELLAND

(1928-1996)

Tout pont menace une absence de l'ange
on ne va pas plus loin on l'a en face
on est coupé c'est les dieux qu'on dérange
pourtant Misère il faut bien qu'on dépasse
à coups de vins de musique ou de reins
l'ici l'ennui la honte de la nasse

Et quand le soir te fourre de ses drains
va donc poète encore dénoncer
de la femelle un seul sein un seul crin
si tout en haut grand glaïeul balancé
flambe flamboie autant digne que veule
montée du ventre abolissant pensée
beauté ou mort décidant d'une gueule.

Trop souvent l'ange feint d'être
tout autre chose que l'ange
alors on boit on boulange
des seins des reins des fenêtres

par où l'on voit qui dérange
des dieux le bel ordre étrange
au quotidien, au paraître

à savoir, vendu vendange,
l'ange jouant l'invisible
qu'il faut boxer comme on change
de mots de maison de cible.

Quand le cheval oublié de l'histoire
amble le soir ses yeux désespérés
et que le cœur devient comme le pré
qui perd ses fleurs et trahit ma mémoire

je hèle l'Ange aux silences cuivrés
miroir posé devant d'autres miroirs
lui qui tilleule au linge des armoires
lorsque nos doigts y sont désemparés

L'accordéon mouline un petit dieu
un sein perdu et renversés des yeux
où la douleur improvise un mensonge

qui ferait croire à l'ange remplaçable
quand sur les vins éparpillant la table
entre les verres la mort putain s'allonge.

Te ferais-tu Ange aussi loin que celle
qu'on prit pour toi au plus troublant du jour
punirais-tu l'amour sans toi, les belles
qui feignent l'or sur nos pauvres discours

Le soir descend nous traînons nos crécelles
lépreux du cœur dont l'âme est le faubourg
la nuit jadis palpitait d'étincelles
ses dieux s'en vont voilés comme un tambour

Faudrait-il pas saluer le mensonge
faire un théâtre où pérît la plus tendre
pour retrouver (comme en le songe on plonge

comme le feu se quitte dans la cendre)
dans un silence où tout mot devient bulle
ton aile éparse où douleur se fait nulle.

Barocco Metrico
(Les Cahiers du Pont sous l'eau, 1996)

GEORGES JEAN
(1928)

Carrioles de poussière
Sur les chemins d'autrefois
Me suis plongé dans les pierres
Les oiseaux chantaient en moi

Ai déchiffré des messages
Sur des feuilles d'océan
Ai traversé des villages
Dont les murs étaient de sang

La terre allumait des pistes
Proches comme des désirs
Dans les paumes du ciel triste
Ai vu Qu'ai-je vu partir ?

Pour N.

Mon amour je te prends comme une plage ouverte
Où t'inventent les vagues

Dur noyau d'olivier

Nous allons nous étendre

La nuit penche
La hache est tombée

Nous sommes alliés Voici l'heure
La mort ne cueillera que des restes éteints

Tes mains serrent tout ce qui passe au fond de mes yeux
nous savons
    que le vent ne plie pas les arbres des chemins le soir
    quand nous rentrons

Et que très simplement notre marche s'allonge.

Cette chose sans nom
(SGDP, 1978)

JEAN JOUBERT

(1928)

ASSEYEZ-VOUS, PEUPLES DE LOUPS...

Asseyez-vous, peuples de loups, sur les frontières
et négociez la paix des roses, des ruisseaux,
l'aurore partagée.
Que les larmes, les armes
s'égarent dans la rouille et la poussière.
Que la haine crachée soit bue par le soleil.
La terre ouvre sa robe de ténèbres,
sa nudité enchante les oiseaux,
le jour se fend comme fille amoureuse.
Sous un ciel ébloui
viennent alors après tant de saccage
les épousailles de la terre et du feu,
le temps des sources,
des naissances.
Après le sang, la traîtrise et le cri,
ah, tant rêvé !
le règne des moissons
pour le bonheur des granges.
À nous qui hébergeons l'aube de la parole
de rassembler le grain,
les mots de l'espérance.
Un jour d'été, l'enfant plonge dans la rivière,
joue avec le soleil
sous le regard apaisé d'une mère,
le héron danse sur son nid de sable,
le renard ouvre des ailes d'ange
et le serpent, le mal aimé, forçat de la poussière,
sauvé, s'étire entre les seins du jour.

DANS LA PLUS SOMBRE NUIT...

Dans la plus sombre nuit
d'attente, de tempête,
l'archange rouge, femme terriblement
vient traverser nos nerfs,
secouant ses rires, ses plumages.

Vénus écartelée, au nom d'étoile,
offre sa bouche, mordeuse, périlleuse,
bientôt langue de flamme.

Sur la tour chancelante,
dressée elle s'irrite,
ouvre ses ailes
et dans un cri déchaîne la tourmente.

C'est alors notre sang qui brûle
et tombe en cendre sur la ville.

LA GRENOUILLE ROUGE

À l'enseigne de « La grenouille rouge »
guinchent les garçons et les filles du faubourg
dans la fumée bleue d'un cancer futur
et des relents de sexe et de sueur.
Ni valse ni tango
ni même l'antique slow
pourtant frotteur de nombrils et de cuisses,
mais dans des vacarmes électroniques
et l'Afrique furieuse des tam-tams,
une houle de seins et de fesses hystériques.

La marie-jeanne et l'alcool s'épousent en des
noces livides.
Les filles éméchées piaillent et versent dans
les buissons.
Au matin, sur le parking
sans rossignol ni nénuphars
c'est au couteau que la viande saigne
à l'enseigne
de « La grenouille rouge ».

ANISE KOLTZ

(1928, Luxembourg)

Nous sommes de la matière des astres

Comment supporter
de vivre sur terre
de mourir avec nos vie inachevées
dans une boucherie anonyme
où nos membres
deviendront des cierges
pour l'éternité

Il Satiro danzante

Ressurgi des tréfonds de l'océan
le satire amputé
danse et virevolte

Jetant la gravité
se hissant sur les cimes
de l'espace
il danse

À travers ses pas d'évasion
d'envol
il épuise sa folie
fatigue l'infini
offre une vision
de notre vertige

JACQUES CHARPENTREAU

(1929)

Je construis le silence où se joue ardemment
l'amour pesant de l'air, bleu d'être trop aimant.

Je tiens la terre, entre mes bras, sans mouvement :
Je l'empêche de vivre et d'exister, pendant
que ta vie se replie au soleil qui t'attend.

Je tords une couleur de feuillage hésitant
entre mes doigts rêveurs de vivre vaguement ;
J'étire le feuillage hésitant et rêveur ;
J'imprime une pensée au rêve du feuillage ;
Je dessine une forme au sable de la plage.

Tu viens vers moi soudain dans l'écharpe du vent
L'amour du monde en toi merveilleux et vivant.

La Mer l'amour
(Maison de Poésie, 1989)

CHARLES DOBZYNSKI

(1929)

MÈRE INDÉFINISSABLE

Ta mère ne fut pas ta mère
m'a avoué l'après ou l'à-suivre
de sa mort.
Pas tout à fait
celle que j'ai connue
qui me fila ombre dans l'ombre
femme d'âge peu certain
d'état-civil invalidé
de naissance irrésolue
entre deux villes mal nommées,
Ensevelie dans son visage
avec ses cheveux blancs
pour linceul
Et ses yeux gris sortent de terre
pour m'attacher vivant
à l'indéfinissable
à l'indécis
où elle émigre
pour la deuxième fois.

FAIRE-PART

Un fax
m'annonce mon propre décès.
Condoléances
familles effeuillées
amis qui voilent de neige
leur miroir.

Le défunt ne lègue à la science
pour dissection dyslexique
que sa langue morte avant lui.

Le deuil à blanc
met le cadavre en quarantaine.
S'écroulent par rangées les souvenirs
dominos déminés
de la nomination.

La couronne me guette
avec ses dents gâtées
et des fleurs brusquement
deviennent immondices
qu'on jette sur la tombe.

Vivant je m'insurge :
que cesse la mascarade !
J'arrache mes orbites
à l'obituaire.
Ma peau n'est pas mon suaire.

J'invite par un faire-part
mes survivants virtuels
au rendez-vous des fausses connivences
et des profanations.

J'accepte que l'on enterre
ma vie de glaçon
qui a fondu en moi
insoupçonnée.

La cérémonie de mes errements
funéraires
me réinvente
un destin irremplaçable
mais posthume.

CLAUDE NOUGARO

(1929)

ICI

À Jean-Marc Natel

Le ciel est d'un bleu tendre, diaphane
Avec un peu de rose aussi, qui se dissout
Il colore un pays taillé dans du Cézanne
Avec, comme des gammes, juste dessous
Les tuiles emboîtées d'un village cubiste
Que n'eût pas renié Derain
Là-haut, dans les buissons, le regard suit des pistes
Où les Cathares allaient et venaient, sereins

Ici, en février, l'hiver rend déjà l'âme
Et le vent Karajan se terre on ne sait où
Houle de schistes, de grès et vastes lames
De calcaire, ici, jadis, la mer recouvrait tout.
Ce n'était qu'une immense toile mouvante
Le peuple des poissons la trouvait émouvante

Tout ce que je vous dis est vu d'une croisée
C'est trop beau, la beauté, mais on peut la croiser
La beauté du Réel, ce peintre inégalable
Son œuvre, on n'en verra jamais les dessous
Combien est-il coté ? Est-ce encore abordable ?
C'est bien au-dessus des sous

ANDRÉ SCHMITZ

(1929, Belgique)

LES PETITES HONTES

1

Les petites hontes que vos doigts égrènent
dans la poche de votre caban
et qui n'ont pas honte de gangrener
vos jours – les heureux et les pluvieux.

dites-leur, je vous prie,
qu'elles peuvent venir prendre des repos
dans les poches de mon paletot
– et vous laisser vous refaire une innocence

2

Au loin, la voix lente et slave de la soprano,
dont le chant coule parallèle aux eaux du fleuve...
– J'emporterais bien quelque chose de vous,
lui avait dit celui qui l'avait approchée
sans jamais pouvoir la rejoindre.

Et elle lui avait donné, un peu gênée,
le meilleur de ce qu'elle ne possédait pas.

3

C'est la grande mort que chacun porte en soi [1]

Et c'est peut-être pour mieux la voir et la toucher,
cette mort, que des passantes aveugles
offrent à chacun yeux et ventre à dévorer,
âme et états d'âme à renifler.

---

1. Rilke.

Et c'est la mort – toujours elle –, qui, honteuse,
se vautre dans les corps qui la portent si bien.

4

Il met votre nom dans sa bouche.

Et commence la lente rumination
de nommer, en broyant d'abord les consonnes,
et puis en savourant les voyelles
dans une tendresse muette de salives

Commence ainsi le crime d'aimer.

5

Les écailles, les écorces de la mer
ont des rugosités couleur rouille.
Le savent bien les passagers clandestins
quand le soleil se couche sur les peaux.

Le ventre des eaux par contre est soyeux.
Le savent bien tous les Jonas et les noyés
– ces voyageurs du dedans,
et les bateaux ivres dont la quille
éclate, comme on sait,
sur l'ordre d'un capitaine adolescent

6

On lui a donné la robe de sa fille
à renifler. Elle a humé comme une bête,
visage enfoui dans l'étoffe encore chaude.
Elle a hurlé animalement sa douleur
– et son bonheur de pouvoir enfin rejoindre
dans la mort l'enfant qui la met au monde.

JEAN BRETON

(1930)

RECOMMENCER

La terre n'est serrée que par les racines et ne bouge que par ses fleuves – ou le haussement d'épaules d'un volcan.

Et si, un jour, fleuves et rivières décidaient de couler en sens inverse ? Que ferions-nous devant ce fiasco à l'insolence cosmique ?

Ce serait la panique à la source, le déluge sur la montagne – et non au ciel –, un défi à la pesanteur mythologique. Qui boirait toute l'eau flottant aux cimes ? La marine y perdrait sa légitimité. Que deviendrait la mer sans alimentation ? Les poissons se révolteraient-ils ?

Seul l'oiseau – qui voit loin sans comprendre –, pavoiserait. Ses ailes s'agrandiraient peut-être, donneraient une ponctuation d'ombre au charabia originel.

La logique de l'histoire serait déboulonnée – bon débarras !

L'homme pourrait courir la chance d'être réinventé. Et l'on changerait enfin de calibre.

LE VENTOUX

Le mur en pierre qui ceinture la cour fait grise mine sous les graffiti du lierre. Il est vieux, lacéré d'empreintes, il se tasse sur lui-même comme s'il n'attendait plus de jours meilleurs.

Le chat attaque presque toujours sans succès la mouche en plein vol – mais quels sursauts d'acrobatie !

L'église, desservie une fois par mois, prend des allures d'hôtel borgne.

Le château dominant pactise avec les champs de lavande et les vignes de l'éternelle Jacquerie.

Au fond du puits, la voix la plus chère caresse la promesse des choses, baptise l'oméga, fait pousser les algues que mon sang collectionne.

Le vert d'automne songe à se révolter ; il se raisonne en pensant à la proximité de l'hiver qui peindra de blanc et de noir toutes les marches du Ventoux, où les martyrs nous font toujours signe.

CLAUDE MICHEL CLUNY
(1930)

DÉCEPTION

pour Sophia de Mello Breyner

Accoudé distrait
au bleu parfait de son éternité
un Dieu léger rêve hésite.

Se penche sur le frémissement
d'argent des olivaies
qui le reconnaissent.

Les cigales sèment
la limaille du silence.

Les voiles noirs des Mères
dans les mêmes rues blanches.

Ambigu sans oubli ni merci
sans pouvoir d'amour pour la trahison
la profanation de la beauté.

L'insaisissable sourire
revoit l'éclaboussement
d'Icare
brisant le violent indigo des mers.

– Vous aviez cru que nous voulions des holocaustes :
c'était bien assez des vôtres –

Voiles noirs des prêtres
Ils célèbrent l'ignorance
ici où furent tes temples.

Sous ta paume le roc a frissonné
sous tes pas ont éclos des fleurs sauvages
éclaté un rire vide   ferraille rouillée
lancée dans l'ailleurs par ton pied distrait
– un détritus de plus : leur civilisation !

Puis tu disparus dans le dur feuillage
Déçu   Jeunesse à jamais
cruelle et divine.

Le temps pur n'était pas revenu.

Aegiali, juin 2001

VOIX DANS LE CHAOS CHORAL

pour Mario Luzi

Tel l'amandier qui mesure et médite
le lent mûrissement de la mémoire
(tout poète abrite l'âme d'un arbre)
l'avancée de la noire amertume
l'élan repris aux passions provisoires
– ta force de refus ô terre antique ! –
le cœur à l'écoute du chant que prête
le temps à l'homme en quête d'origines :
tel je vous imagine – vous – pur guetteur
de notre périssable éternité.

Collines ocres et haute solitude
à peine altière où composer sceller
comme le peintre appose le visage
des donateurs douleur et plénitude – humer

l'offrande douce des servantes
riant d'herber les draps – odeur des simples
autrefois – enfant né aux vieilles rives –
fenêtre ouverte sur les perspectives
du passé d'où renaissent – ombre et lumière
à la fois – verbe et silence – l'autre et soi.

Veilleur et rassembleur de nos fragments
perdus dispersés usés par le fleuve
détruits par les guerres – et ne s'en émeuvent
guère les Dieux ! – sous des cieux aux segments
portés par d'étincelantes ténèbres
selon la lente exaltation des astres
L'âme des choses à votre voix se lève
sur l'aire de l'âge et de nos désastres
– flamme pure dans la nuit de l'Erèbe –
et nous parle au cœur du chaos choral.

Été 1991

JEAN-PIERRE DUPREY

(1930-1959)

J'EXPLOSE

Videz-moi ces secrets ces larmes ces rires
Videz-moi toutes ces choses pour faire de la place
Videz-moi ce qui reste de l'homme après la vie
Et même après la mort rebouchez-moi ce vide

Oh mon âme j'ai mal à la mémoire
Je vois devant ma vie le blanc de ma naissance
Ce siècle qu'une horloge accroche dans ma tête
Redescend l'escalier des siècles de vengeance

Oh mon âme j'ai mal à la mémoire
J'ai mal à ma vie j'ai mal
Et la nuit me revient comme un cri de la boue
J'ai mal à l'âme Ah videz-moi ces rues de morts

Septembre 1946

SOMMEIL

Je dors la tête pleine d'étincelles
Je dors le cœur gonflé de mies de rêve
Le silence retourne l'haleine sur ma bouche
Et le noir m'ouvre le cerveau

Je dors, la nuit travaille pour moi
Dessous l'oreiller dur perce un fil de sueur
Un doigt lourd retourne un bloc d'acier
Sur les gerçures de mon sommeil

Je dors et je m'écoute en rêve
Les paupières les rêves fondent comme des bouts de chandelle
Au-dessus le ciel s'anime de zéros
Mais la terre ne marque rien

Et la lune a durci sous mon regard éteint
Tranche d'or tournant à vide
Lueur dépolie
Étape lointaine du ciel

Dans les trous du sommeil tombent les clefs du ciel

Septembre 1946

MORT D'ÉTOILE

Petite étoile de chair, il faudrait tout un monde
Pour écraser ce qui te retient,
Mais n'en est-ce pas un que je tiens dans les mains
Et n'est-ce pas ma voix ce cri de la mappemonde ?
Car je suis l'enchanteur aux épées de silence,
J'ai tout donné de ma puissance sur la mer
Pour toi petite étoile de toute chance
Et je me suis couché dans ton masque de verre
Où l'or était un poids apporté par les yeux ;
Mais la nuit est trop froide pour un enchanteur
Et le ciel sait bien où trouver des douleurs
Et je me suis couché dans ces frissons heureux
Bornant le monde à tous les deux.
Un baiser sur les lèvres (l'ai-je bien senti au moins ?)
Ferma mon cœur comme s'il était de trop,
Je n'avais pas compris que l'amour est un galop,
Et je m'envolais aux images du matin.

Ma toute petite étoile c'était notre sommeil
Qui remontait là-haut avec le soleil,
Voici que redescend aux hommes le bonheur
Et tout s'arrête au jour pour un bon enchanteur
Qui garde dans sa fièvre le goût de son bonheur.

Le soleil sort des prisons

Janvier 1947

Un bruit de baiser ferme le monde
(CME, 2001)

PAUL VINCENSINI
(1930-1985)

CHAMBRES ARDENTES

au Dr. Paul Bonier

Les saisons tournent sur un pivot qui traverse les chambres par leurs miroirs et leurs fenêtres. On sait aujourd'hui que ce sont les vibrations ressenties et retransmises par ce pivot à la totalité des surfaces vitrées qu'il traverse – en un secteur pourtant très réduit –, qui sont la cause unique du vitro-cancer, plus connu sous le nom de « cancer des fenêtres ».

MILLIONNAIRE

J'ai sur moi une fourmilière de tristesse
Je suis millionnaire
Mais le meunier des regrets est trop loin
Et j'ai peur de mourir
De mourir de rire en chemin
Je ne veux pas
Je ne veux plus l'apporter au moulin

Certains vendent pour vivre
Le gros de leur tristesse sur pied
Aux marchands de chagrins

Moi je n'en fais rien
Et je sème sans jamais récolter
Car

Livrée sur pied ou vendue en chagrin
La tristesse ne vaut pas
Un bon calendrier

MAUVAIS VOISIN

L'amour ne viendra plus
Coller son nez sur mes carreaux
Ni enfoncer ma porte

Plus rien n'est vrai
Que la grimace atroce du zéro
Et ma maison était un mensonge

Je dors debout comme un cerceau
Au milieu de la pluie et des arbres

LE LIT

Le lit est glacé
J'ai en dormant mangé les couvertures
Je vais encore perdre mes forces
Et m'essouffler
À écouter parler les pommes blanches
Mon ange
L'amour aboie
L'angle gardien se cogne
Aux anges de la porte
Je ris je ris
J'en avalerais un revolver

Seul un sommeil de chenille
Précis et souriant comme la neige
Pourrait laver mes yeux

VICTOIRE

Poésie
C'était vers rien
Que je tendais les mains
Depuis vingt ans
Mais maintenant
Le rien arrive
Et me prend par la main
En riant.

À NOUS DEUX MAINTENANT

À nous deux
Maintenant
Mes bras

Je voudrais ô oui je voudrais tant
– Mais j'ai toujours peur que tu bouges –
Quand revient le printemps
Planter des fleurs
Des myosotis ou des violettes
– Mais pas des roses mais pas des roses –
Entre tes cuisses.

Archiviste du vent
(CME, 1986)

ALEXANDRE VOISARD

(1930, Suisse)

1

On devine chez les hommes
qui parlent par gestes
dans les clartés vacillantes de néons échus
un doute qui clapote et ne plane plus
une épine assassine en leur échine
ils gémissent dans la clandestinité
c'est pourquoi on voit trembler
les étoiles au fond des yeux purs
d'autres arbres tomberont encore
dans la pénombre taciturne.

2

Combien d'aubes encore
éclabousseront nos songes
à peine sortis du puits
dans quel limon oublié
décrasserons-nous nos ongles
avant de tendre une main pure
à la femme qui vient au matin
nous demander des aveux ?

3

Cette fête de glands
près du chêne désarçonné
qui l'aurait imaginée
sinon ces pêcheurs de perles
bannis de leur asie sourcilleuse
et convertis aux manières du geai ?

4

J'aimais une fauvette
poursuivie par un destin amer
elle chantait incognito dans les gares
on ne savait pas trop
que les paroles étaient de moi
et pendant ce temps le public
de ses sonnailles couvrait ce chant si pur
on n'entendait que la sourde litanie
à capital et intérêts
et bientôt nous n'étions plus
que deux à nous aimer
pour toujours oubliés
au creux des branches désunies.

5

Je n'avais jamais vu
le lierre s'affoler ainsi
à la gorge d'une bella donna
les autres non plus qui
venus de si loin
avec leurs tronches d'oisifs tartares
bandaient comme au premier jour
lèvre pendante
entre la mousse et l'écorce.

6

Un galop de nuages
sous l'éperon de l'ouragan
c'est tout ce qu'ils ont trouvé
les géomètres du labourer en rond
dans leur panoplie sortie des tiroirs
pour faire pièce à l'indolence
du paysan guettant le passage des oies
dans l'eau trouble de son écuelle.

MICHEL DEVILLE
(1931)

ECCLÉSIASTISME

Suppositionnons un instant
Que l'évêque de Pont-L'Évêque
A trop d'abbés dans son giron.
        Et maintenant
        Hypothésons
Qu'un pauvre évêque de Corrèze
Manque d'abbés dans son diocèse.
        Pas de problème
        En vérité :
Notre évêque numéro un,
Pour une poignée de dollars,
        Cède un abbé
          (Au hasard)
          Au deuxième,
        C'est enfantin,
C'est l'abbé cédé du métier.

Post-scriptum vobiscum

Très entre nous soit dit et sans facétie faire,
Sans jouer les délicats ni les cathos réacs,
Pensez-vous que ce soit à de telles affaires
        Que les évêques vaquent ?

LE BOSS ENDORMI

Le boss s'était couché
De fatigue accablé
(C'était dans sa partie
Une grosse légume).
Il avait tout le jour,
De Manille à Saint-Flour,
Fait travailler ses filles
        En bas résille
        Sur le bitume,
Mais l'une était partie,
Ce matin, pour Baga,
        Gabon
        (Ah, bon ?),
Et, sirotant du muscadet
Tenu au frais sous l'abat-jour,
Ouvrant l'œil à moitié sous ses draps d'alpaga,
      Le boss se demandait,
Elle qui tapine à Hambourg,
Ce que faisait Ruth à Baga.

Poézies
(CME, 1990)

VAHÉ GODEL

(1931, Suisse)

OUVERTURE

les tilleuls fleurissent à l'approche de l'été
le chat est apparu bien plus tôt que le chien
l'ossature de l'oiseau est presque entièrement creuse
et remplie d'air
la scabieuse est une grande buveuse
un chat robuste peut vivre une bonne vingtaine d'années
certaines sortes d'oiseaux ne savent pas voler
le forsythia n'achève de reverdir qu'après avoir perdu
toutes ses fleurs
les chats se promènent toujours seuls
l'oiseau qui plane semble immobile

la route principale suit presque toujours le cours de la rivière
les passereaux ne cessent de remonter le temps
les arbres scrutent le ciel
les heures de départ jouxtent celles d'arrivée
une sente argileuse longe la voie ferrée
une poule blanche étincelle au milieu de la route éventrée
parcourant les ramures l'écureuil invente une écriture
plus cursive que nulle autre
les panneaux cliquètent
de nombreux vols sont annulés

MEHR LICHT

colline rouge désert blanc
jour noir nuit bleue
j'écris ce que je vois sur les paupières
de l'Invisible
– qu'est-ce que la couleur ?

– une brise marine
qui fait chanter les pierres
(la vue c'est la vie)
                                        maison bleue
chambre noire lit rouge
livre blanc
                    regarde
                                        regarde
la cible est plus rapide que la flèche
plus lumineuse l'ombre
que la lumière
                              et le feu plus rebelle
que le feu
                    cette eau brisée dont s'abreuve
le vent
– qu'est-ce que la lumière ?
– une belle de nuit qui change
de robe à tous les coins de rue
(ô Light ! – so light...)
comme la lumière le son
se réfléchit
                    regarde
                                        écoute
l'oiseau le vent
                              l'ombre du vent
la trace de l'oiseau l'or du silence
le cri de la plus longue nuit
l'impatience de l'arc
                                        (mehr Licht !
mehr Licht... mehr...)
                                        écoute
                                                  écoute
                                                            la voix
faiblit vacille – s'éteint *(nichts*
mehr...
          chut...)
                         rideau
lumière !

ÉDOUARD J. MAUNICK

(1931, Île Maurice)

1

ignorer si l'enfant
descend ou remonte l'âge
signe à peine esquissé

de rumeurs de silence
il y a tant d'images
à voir à oublier

tant de gestes de murmures
de cris par-dessus cris
que le rite s'interroge

2

où donc se recomposent
l'accueil et le refus
à l'ombre de l'arbre-totem

l'enfant sait que la sève
qui le nourrit ne naît
ni ne meurt il le sait

long poème végétal
dicté à chaque regard
chaque clignement du cœur fou

3

surgissement de savoir
ou de feindre d'oublier
s'il est vraiment si tard

pour réveiller le dire
léger des feuilles-hosties
jamais ensevelies

il n'est de messe basse
tout est dans la violence
suspendue du survivre

4

je ne sais si théâtre
cette mort qui me gouverne
écho de noires guitares

je ne sais quand viendra
cette femme vêtue de cendre
un bandeau sur les yeux

je l'ai croisée déjà
réelle ou souvenue
son corps dansait la mer

5

je lui parle en colère
d'ainsi me détourner
des jardins à nommer

contrées d'anti-silence
à baptiser païennes
sans nul poids de péché

alors que Christ en croix
est mort de solitude :
lamma sabacthani

6

les arbres sont les soleils
racines plongées debout
qu'importe le deuil du vent

dans le rouge flamboyant
dans la couleur campêche
dans la salive bétel

danse un feu guérisseur
des blessures de l'exil
ses voluptueux mensonges

MARIE-CLAIRE BANCQUART

(1932)

BÊTE ÉCRIVANTE

Tu comprends quelque chose, toi, la bête écrivante,
aux mouvements de fond dans ton corps ?

Par là circulent
les histoires   au milieu de l'Histoire au corps froid

ça halète, ça limite, ça apatride
dans les béances

ça sonne parfois bien
ça n'est jamais dans l'ordre alphabétique.

Tu marches avec, tu dors avec
traversée par des vies d'insectes
                              d'hommes ou de platanes.
Et ça, tu le sors en paroles.

Voici quelques mots tiédis au passage,
qui s'éparpillent au dehors, témoignant
que tu leur as donné un peu de vie supplémentaire :

clin de temps,

cri d'amour, de refus,

dans un pli d'univers.

QU'UN REGARD

Une jupe en maille
entre le ventre et le jour gris.

La Tour Eiffel crie d'électricité.

Sur le pont Mirabeau, la femme caresse l'étoffe
pensant aux minutes qui passent
aux morts de l'année
barrés au stylo-bille
sur son agenda

son ventre là-dessous
sent sa fragilité

des rideaux d'oiseaux
vont et viennent en biais dans le ciel

elle voudrait leur confier son petit sac d'entrailles

ne plus être
qu'un regard lumineux et nu, comme la Tour.

VISITE IMMOBILIÈRE

Dans le téléphone
dorment des paroles d'amour

un morceau de ciel est en place
par la fenêtre
mais le mur garde
une empreinte de doigt distincte seulement sous les lampes.

Un visage se tait
dans le miroir.

Un pas qui enjambe l'absence
a laissé son empreinte sur le palier.

N'habitons pas ici.

Trop de secrets
sont restés bouche à bouche.

D'autres seront à nous. Ailleurs.

CLAUDE DE BURINE

(contemporaine)

RETOUR

L'arbre n'a pas changé de place
Ni la maison aux chiens
Où l'on pend jusqu'au matin
Leurs langues roses
Dans les nuits chaudes et de couleur.

La rue tient toujours son bâton de berger,
Se croit château-cabane,
La chouette a descendu son œil,
Range les verres, soutient l'or
Et sur le toit le coq en bronze
Lance son cri silencieux

Campagne des verdures
Où le sang vient à l'aube
Comme on te décrit bien
Quand on te prend au ventre
« Un jour, une voiture s'arrête
Et l'on ne sait qui en descend... »
La femme au feutre noir
Est partie sous les saules
Effaçant un à un ses pas,
Même morte, elle reçoit ton visage
Et brûle encore du feu du premier mot

Tout commence lorsqu'on ne parle plus,
Étend devant soi
Des doigts de laine et de givre.

JOURNAL DU GARDE

Ce matin, la voie est ouverte. Le corbeau lit l'horoscope sur le champ étalé que traverse parfois la perdrix avec ses bottes grises, où plonge l'épervier comme dans une mer sombre.

Je suis là. Je prends des notes. Je fais des phrases. Je tresse le poème Noces et banquets. Je reste l'ancien garçon d'honneur.

L'été a fermé. Y a-t-il des étés sans fleurs, sans arbres, l'herbe parfumée d'acides ? Étés, poches vides ?

Je balance des choses. Je répète celles que je disais quand je sentais aussi bon que le pin, que la femme nue donnait son ventre de magnolia. J'ai les doigts de l'Automne, rouges un peu et jaunes de vin, de tabac.

Je n'attends plus les fêtes. Elles se font sans moi dans les pierres mortes des villes. Je ne tourne plus la roue verte de la chance. Ma chance, je la porte sur moi : les jeunes cailloux de la rivière, des marrons secs, un sou percé, trouvé dans une maison défaite.

Je vais rencontrer, caresser les dahlias aussi fidèles que les chiens de la chasse.

Les premiers jours de Novembre sonneront juste, cette année.

Les Médiateurs
(La Bartavelle, 2001)

HENRI MESCHONNIC
(1932)

je me rattrape
par les yeux
à tous les corps
car chacun
est un soleil
je le sais
puisque je vais
de lumière
en lumière à
chaque rencontre
et je me fais
ainsi de
jour en jour
mon propre
système solaire

---

et je m'écoute
mot par mot
de plus en plus bas pour aller
de plus en plus loin silence
en mettant de plus en plus
de silence mot après mot
parce que plus il y a de
silence dans un mot plus il
va loin sous le bruit des langues
ces mots-là on les retrouve
des années silence
après
tant qu'on ne sait plus même d'où
ils viennent
qui

ils nous apportent
pourtant c'est là que nos mains
retrouvent
le temps en nous

---

images nuages
tête pluie
le paysage est dedans
j'ai des collines dans les bras
la rivière
dort dans mes yeux
quand je me réveille j'ai
des oiseaux dans les cheveux

---

c'est ton visage
que j'écris
depuis tant et tant de mondes
j'hésite la vie
la lèvre
retient de dire
mais je sais
j'entends
c'est du loin de loin
ton nom nos noms qui sont toutes
les formes de toutes les vies

CLAUDE MOURTHÉ

(1932)

OLD UP

Je te salue la vie
qui m'as si souvent empoissonné l'existence
de tout petits poissons d'argent
et d'or
car d'or est déjà comme on le sait tout ce qui vaut

ni les bons mots ni les bons sentiments *de l'origine de ces oripeaux*
ne nous accompagneront au tombeau *que saurons-nous*
l'or si
mais l'or cela peut être aussi
le sourire d'une fille dans la pénombre d'un bal
deux jambes qui tricotent sous un soleil printanier
une furtive caresse sur une épaule qui ne se dérobe pas

l'or c'est cacher pudiquement ce que l'on aime *trésor*
taire les mots qui blesseraient ou seraient injurieux
porter partout en soi et chez les autres la paix universelle
occuper dans le monde une place modeste mais rafraîchissante
garder en somme le dessus du panier jeter le reste à la poubelle
et souhaiter après l'inéluctable fin
une épitaphe humoristique

Savez-vous ce qui s'est passé
tout a paru soudain dérisoire
et même ridicule
une fracture
et la facture de tant d'erreurs

nous guettions des frissons nous n'eûmes qu'un orage
il ne m'intéressait alors qu'une vie illusoire
non pas la gloire je m'en foutais
mais la perpétuelle évasion hors de soi

où donc se trouve l'absolu
au coin de cette cheminée là-haut sur le toit

retombant dans des chaussures glébeuses sous un corps fatigué
tairai-je la voix des anges qui me parlent

ou dans le dialogue continu avec celui que nous appelons
faute de mieux
Dieu

tels sont
les interrogatoires
péremptoires
à l'instant d'entrer en gare
côté départ

Je ne me soucie plus d'être le roi de l'univers
l'ai-je jamais été
et disons-le tout net qu'est-ce qu'un roi
un roitelet *couronne*
un rien un pet de nuage *ronde*
et qu'est-ce que l'univers *et chancelante*
tout et rien *ongles rognés*
autorité contestée
nous naviguons à vue dans un monde surfait *queue basse*
et jamais ne nous posons cette question
que sommes-nous au juste
nous minables petites bulles à la surface de la terre bouillonnante
nous et notre espérance de vie inquantifiable
à l'échelle de l'univers
nos pauvres tentatives d'explication dudit

JEAN PÉROL

(1932)

Vie vin
vin comme un couchant dans leur verre au soleil
dans nos têtes nous habite depuis l'enfance un rouge pur
la sauvagerie bien taillée au versant du village
la mère fut la plus belle relevant ses cheveux noirs
courbée sur la terre ocre aux caillasses blanchies
qui suinte son rouge
(Seigneur Seigneur ton sang que les vaincus partagent
sur leurs terres de poussière et de vents qui assoiffent)
on rentrait et le soir descendait sous la treille
dans le corps épuisé et jusqu'au bord rougi
de nos grands yeux plus sombres
quand d'amour et de sang le cœur au ras du jour
demeurait dilaté
dans l'apparence et la semblance
d'un immobile jouir sans mots.

Sans mots

Les swinging sixties
comme ils disent
les dansantes années soixante
vaste voûte stellaire et nocturne des cieux
la mémoire repartie par l'ombreuse descente
des amours disparues de leurs roses absentes
leur parfum sur tes murs bien après la coupée
secret noir refermé où les astres s'attisent
les swinging les swinging balançantes sixties
sous la bouche et les mains quand pâle surgissait
à l'arrière des autos quand vaincue fléchissait

la chair qui se traquait des femmes dénudées
encore soumises encore ouvertes toujours unies à leurs entrailles
le fruit de vos – (comme aux églises disparues)
dans cette crainte du fatal et dans leur nuit bien trop béni.

Bien trop béni

Elle en Vénus comme à son vice dans les venelles de Venise
bien sûr ce fut Venise au soleil en hiver
tant de mains se déchirent sur ses lagunes tristes
l'haleine sur les ponts les mensonges sous l'eau

bien sûr ce fut Venise muette sous la neige
elle déjà reprise des songes enfouis
à peine un battement
                    d'ailes de ses mains
cette manière déjà
                    de retourner le ciel

de s'éclipser parmi les brumes et le miel pâle des soleils
la terre a d'autres niches des hommes plus fringants
quelque chose clapote sur des pierres pourries
les palais sont vidés et des ombres s'y meurent

et tout est doux et tout est froid par les ruelles qui leurrent
et vos pas durent trop sous les sels de la mer.

Sous les sels de la mer

JEAN-DANIEL FABRE

(1933)

LA FIN DU SOCIALISME

Non Dieu n'est pas si méchant que cela
Staline me le disait un jour, et vous pouvez en être sûr
il ne faut pas croire son demi-frère qui le disait fourbe et cruel
certes il n'était pas un tendre.
Mais l'assassin de Jaurès, lui, était un doux
c'est un geste si menu d'appuyer sur la gâchette.

LA CHUTE DU TROISIÈME REICH

Je vis les rescapés de la grande partouze qui précède la chute du
[Bunker
Ricaner sur le pont du dernier bateau de la Kriegsmarine
Avant de pénétrer dans les bordels sous-marins d'Amsterdam.
Salauds de boches !
Avec leur Théologie allemande
Ils vont nous foutre dans la merde pour mille ans.

HOMO FABER

Salauds de Fabre et fumiers d'intellectuels, ils vivent parmi
les vipères lubriques et les rats visqueux
Ils détiendraient un sérum de vérité
Toute leur poésie est une infection
Ils savent tout et le principe de plaisir ils le connaissent
Mais Staline a dit « Ne touchez pas à Fabre » et Staline était un
[grand homme.

Leurs épouses sont anglaises
et quatre de leurs beaux-parents sont juifs
eux-mêmes, ils sont pro-juifs
Financiers sans scrupules, ils financent la prospérité française
et sans eux Nasser ne pourrait vendre son coton
Mais Staline a dit « Ne touchez pas à Fabre » et Staline était un
[grand homme.

Conseillers secrets de l'assassin de Jaurès
et confesseurs des criminels de guerre
Ils en connaissent tout le déclenchement
aussi le jour où Staline a dit « Ne touchez pas à Fabre »
J'ai voulu sortir le couteau à la main.

PIERRE OSTER

(1933)

TROIS FRAGMENTS DE L'HYMNE IMPOSSIBLE

La terre est un savoir ! D'où les eaux, d'où les rochers jaillissent.
La nuit, la plaine et la mer fondent un savoir proche des murs.
Et, là, là ! là, solitude aux couleurs de la nudité des choses,
Le soleil gravit les collines... Il redescendra dans les champs,
Dans les mares, dans l'herbe. Autant de mares, autant de portes
Par où le ciel rejoint le chaume... Arbres meurtris, chemins détruits,
La campagne se tait. J'en conjure, en accepte la paix. Le silence
Signifie-t-il que les talus... si hauts, face au dieu du Tout,
Que les talus, de l'orbe des planètes au labyrinthe des plantes,
Ferment sans cesse une prison ayant la forme d'un vallon ?
D'un vallon protecteur. Et, grâce à l'humus, à quelque manne
Humide, à la richesse de la rosée, au repos déjà solennel
Du matin, je me voue à l'espace... À sa beauté je m'inféode
Bien avant que les heures ne brillent... Ah ! je mesure à loisir
Le petit jour... Sur l'horizon le soleil s'arrondit, s'exalte.
La nuit le couronne... Ah ! le soleil nous dicte et nous
Vole une réponse ! Alors la pluie, infime, élémentaire,
Orne des traces qui m'enchantent, étouffe à présent le fanal
Qui, augural, fatal, à la surface, à l'intérieur des gouttes,
Vacille et les épuise... Imagination, quête et création
D'un royaume. Et je serre ou je lâche une poignée de brindilles.
Je me veux serviteur, gardien, complice et tenant du poème épars
Des sens. Serviteur des maisons dans leur sommeil. D'une grange,
D'une charpente... Un édifice, un creuset... Le ciel pourvoit
À notre besoin d'infini... Le temps compose et cohabite
Avec les vagues ! Avec les vagues, avec les vagues. Avec
Des sentiers que nul ne sonde ! Avec des carrières, des grottes
Doucement désertes... Avec de nouveaux rochers sous la voûte des écueils,
Héros de l'abîme ! Et le jour vient à les surprendre au niveau de la mousse,

De l'écume. Audacieux, plus qu'audacieux, presque audacieux,
Nous les interrogeons [...]

Restons fidèles à la tendresse de la lymphe
Laissons-nous conduire à l'unité des fleurs. Unité abondante. Et
La règle est de croître... Du côté d'une frontière ou d'une ligne d'îles,
La très chaste et très vénérable et redoutable Vénus
Nous domine. À l'aplomb des toits les étoiles clignotent,
La nuit s'en empare ! Ah ! me soumettre à la naissance du soleil,
À sa plénitude... Avoir le désir d'accompagner pas à pas sa solitude.
Pur, précieux, facile embrasement des bâtiments de l'éther,
De maints bassins monumentaux ! Le jour se relance et nous drosse
Le long d'une plage... Il vogue. Il abrite un port abrupt.
J'en scrute et j'en occupe, en défends la grandeur. Je m'en inspire.
J'ordonnerai, je retrouverai, dirai, surgeons, drageons,
Surgeons ! détaillerai à souhait les mots d'un éloge des feuilles.
Un baume se répand sur la blessure des bois. La lune au bout de nos doigts
Varie et nous séduit. Nous devinons que le brouillard consume,
De la tôle des hangars aux piliers du temple et de la base des hangars
À la grange, allume et consume un absolu de transparence.
Notre lot ? Guetter, prudemment, l'épiphanie du feu. Épier le retour
Du guide obscur... J'oublie, à fouler le sol, je rêve ou j'évoque
La bataille des saisons. Je recherche et m'attribue le butin
Que l'automne pille. Et l'hiver le confie au matin. Les mois commandent
De sauver la sève... Au gré d'une voix, d'un chant parfait.
Immobile, immobile et mobile, encore immobile et mobile,
Le soleil détecte une route, instaure un paradis de roseaux (dont
La pointe nous frôle) et lui dispute la mer. La mer recule,
Nous apprend l'orgueil du jusant. Le vent, le tisserand,
Hisse une voile, la détisse... Appareillage ou naufrage
En guise de message. Attentifs, actifs, sereins, captifs,
Il nous échoit de saisir, de choisir la sainte poussière,
D'épouser la fortune inégale ! [...]

JEAN RIVET
(1933)

Un oiseau pose sa gorge rousse
à la porte chantante de l'hiver
Le visage de l'arbre s'efface
comme une buée
L'odeur des foins coupés bas
est encore proche dans l'horizon
Il y a tout ce temps gagné
à penser et à parler de toi
Ton regard peut aussi bien
s'ensevelir contre un mur
qu'être ce piège bleu
pour mon vaisseau triste.

Peu importe qu'il soit calme
ou bruyant, le marronnier
Le principal c'est qu'il m'ensevelisse
longuement doucement
dans ses bras à pâleur noire
dans la nuit des horloges
et qu'il m'attende pour l'inévitable
rencontre avec l'hiver
qui marche à ras de terre.

L'ombre et l'herbe verdissaient
La voix disait que la pluie
parait le noyer de feuilles plus pâles
Cher vieux visage que brûlaient
le crépuscule et le rouge verger
Le lendemain dans l'aube
de la gare une femme pleurait
Deux mains s'étreignaient
fugitivement sous les néons.

Dans le vert silence d'un pommier
d'une enfant un jeudi
s'échappe une feuille de cahier
couverte de mots,
qui sera miraculeusement préservée
Faite femme elle va retrouver
la brûlure de ce premier amour
par un grand été
bourdonnant haut dans le chemin.

Neige obscure
(SGDP, 1976)

ROGER KOWALSKI

(1934-1975)

SOMMEIL QU'UN VIEIL ENFANT

Sommeil qu'un vieil enfant défait parmi les pierres, l'eau, le feu et la rose de givre ; il rit et ferme les yeux parfois ;

l'épervier qui bouge faiblement au-dessus du chêne, le chêne, le puits où je regarderais l'araignée d'eau, son vif regard et la mort ;

les dires de l'engoulevent, ceux de la gerboise, une rigueur à nulle autre pareille, et cette voix qu'ont les seigles soudain vers la fin de l'été.

JE T'AVAIS RETROUVÉ

Je t'avais retrouvé dans les commanderies de l'âge, ô feu sept fois rayonnant, j'avais éveillé des bêtes endormies ;

te voici maintenant ; par la fenêtre ouverte tu luis, très loin, en des lieux où les traits de la mémoire n'atteignent pas ;

ô très altière. Vers toi m'avaient guidé les anges soudain, les fumées blanches, les cris de maint gibier ; j'entendais les courlis rappeler tendrement.

Une écorce t'émerveilla ; un ramier flamba vers l'orée de la nuit, nous nous hâtions en nos demeures, là, dans la solitude, nous entendîmes bouger un vent proche.

DATÉ D'UNE SAISON

Daté d'une saison qui n'a point laissé de trace, sur le papier non plus qu'en la mémoire, je plante ce poème dans le sable et racines lui pousseront, feuillages trembleront à son faîte.

Ah, que nourri de pierres il en chante la douceur, que vêtu de glaise il en réchauffe son écorce ; si caché aux regards, il s'en fortifie durant plus d'années qu'il ne faut pour achever une longue vie !

Perdre un empire ? Acquérir un unique royaume ? L'esprit change au vent du soir et sa musique n'est plus de ce monde. Compte un peu tes paupières : elles sont plus nombreuses que les racines du temps.

LE BAN

Les grands impurs furent chassés de la ville ; quelques-uns étaient soupçonnés parce qu'ils n'aimaient point ouvrir la bouche ; il en était même qui n'avaient jamais pensé qu'il leur fût nécessaire de dire mot et dont on ignorait la voix ; d'autres ne sortaient jamais de chez eux les jours de réjouissance publique : ils étaient objets de scandale ; un plus petit nombre estimait décent de publier des ouvrages que nul n'ouvrait ; ils ne s'en affectaient pas, c'était dans l'ordre, leur attitude soulevait une réprobation universelle. Tel fut le sort des grands impurs ; ils partirent avec indifférence ; l'un d'eux seulement parut s'amuser du cours des choses ; il était jeune, peu naïf encore : l'indifférence n'était cependant pas loin.

JEAN-CLAUDE VALIN

(1934)

J'ai dû m'en séparer
disait-il en costume
de jardinier à un compère en costume de ville
qui reprenait après chaque pas la pose les mains sur les hanches
entre les rangs de choux et les rangs de porée
j'ai dû m'en séparer répétait-il penché
sur le gâteau moelleux de la terre
en confidence prudente à ce vieil infant
dont les culottes courtes et les polissonneries
menaçaient le costume trois pièces
à fines rayures.

Entre les maisons policées
et les cosmiques machineries,
des bêtes à l'échelle humaine
celles que Gondin nommait ses mammifrères et ses mammisœurs
et surtout des kyrielles d'insectes grouillent
dans les jungles de l'herbe
une sauvagerie à se crever les yeux
plutôt que voir ce qui nous crève les yeux
nous passons vite et nous détournons
aussi des tympans et chapiteaux dont la pierre dorée
adoucit les dévorations entre la Poste et la Mairie.

Deux brandons croisés
accordent leur faible et durable flamme
au rythme de l'horloge
en attendant l'homme en bougeron noir
de lustrine moulée à ses entournures
qui sur les avant-postes potagers du seuil
sourit à l'histoire de la jolie
au visible paquet de tabac

sous la robe transparente
quand elle revenait plusieurs fois dans la porte
et le contre-jour voir de plus près
la chose précieuse
et puis il se tourne vers l'entière création
qu'il ramène à lui d'un geste large
en concluant que l'amitié de quelques bêtes lui suffit
amplement.

Sous tant de ciel et nuées irréelles
que seule la prière pourrait ascensionner
le bout de terre à blé sous nos pas
paraît portion congrue de la sphère incongrue
pour bien se tenir droit et pudique
sous les orgies transcendantes
des poupées gonflables
le ciel et les cieux ne faisant plus qu'un.

Dans la pénombre de la maison fraîche
à l'heure où la bourgade s'assoupit
sous l'effet des chaleurs
et autres torpeurs mythiques
la femme s'aperçoit elle-même dans la porte
ouverte de l'armoire à glace comme
si elle surprenait une autre femme en sa nudité
et ses jeux intimes, les campagnes
achalées sont parcourues d'un frisson
venu mourir là aux fenêtres drapées de tulle
la glace emmène ailleurs
en grinçant ironiquement
le corps pesant pourtant si peu réel
s'estompent des cris lointains dans la femme rhabillée
les maisons de la bourgade reprennent
leur position sur l'échiquier du silence.

GEORGES SÉDIR

(contemporain)

ELLE, NOIRE

Elle est Non.

Elle est contre, à côté, ailleurs.
Multiple, en éternel combat
déchirée comme un ciel d'exil.
Bulle irisée, reflet sur l'onde.

Tout en elle est brillant, mouvant,
électrique, sa voix, ses yeux
et son allure (oiseau, serpent ?).
Même habillée elle apparaît
plus nue que nue.

Femme-enfant ou femme-animal
ou déesse ambiguë, semblable
à ces idoles du Tibet,
tour à tour paisible et odieuse
habile à construire et détruire
exigeant rites et prières.

Elle veut. Ne veut pas. Invente.
S'oppose. Erre en ses forêts sombres
où nul ne l'accompagnera.
Ignore les lois et les liens
le passé, la raison, les faits.

Son mystère est vivant, vibrant.
C'est, dit-on, le sel de la terre,
la malédiction fascinante.
Elle aura fait incendier Troie
ruiné sa patrie égyptienne
tissé l'atroce des Atrides
fait disparaître dans les flots la cité d'Ys.

Des hommes ont voulu mourir
pour elle ou par elle. Ils en restent
marqués. D'autres ont eu l'envie
de l'étrangler. Plusieurs le firent.
Elle revint. Tout continue.

Crachant sur l'ordre et sur la norme
elle a semé délire et deuil
mais ouvert à certains des portes.

Elle a fait rêver de beauté. Chassé des spectres.
Troublé, capté, séduit. Inspiré des poètes.

LOUIS ALDEBERT

(1934)

PERTE

sur la paille du grenier
entre deux poires blettes
tu m'as laissée
mûrir mon offrande
les yeux bandés
les oreilles closes
les mains liées aux pieds
dans le noir
pour seul repère l'odeur des fruits
l'ivresse envahissante de toi
dans le temps aboli
et l'invasion toxique
de ce fumet pervers

---

la vie est un sas clair
aux cloisons mal étanches
que des courants obscurs
pénètrent insidieux
et l'osmose du temps
tache la page bleue
jusqu'à la nuit
régnant où le poème penche
ténèbres battantes
cavernes de survie
la terreur
unique structure
pour l'attente

et ce rythme fragile
d'aile
de cil
de gel

---

pierres perdues
il marche dans la ville
quelques baies de genièvre
oubliées dans la poche
roulent sous ses doigts
sur l'axe d'un reflet du jeu de glace
des rues
où verse l'avalanche bleue
minérale cendrée
du causse
moutonnements d'herbe argentée
moires rouillées dans l'invasion des
rouvres
la charge sans cesse accélérée
des ombres des nuages
l'assaut
puis l'écorchure du retour
à six heures sous l'horloge

Double fonds
(CME, 2000)

JEAN-MARC STRICKER

(contemporain)

POUSSIÈRE

L'Ecclésiaste 3-20

La mort siffle sans cesse au creux de mon oreille
Pour expulser un sang devenu importun
Comme un vin refluant dans le cep de la treille
L'énergie dans la masse d'un soleil éteint.

La lumière et son nom retombent dans l'oubli
Comme un éclat terni dans la matière inerte
Une cendre pâlie dans la chambre déserte
Et la sève figée dans un hiver uni.

La vie qui se retire en sifflant des artères
Un souvenir perdu dans l'alerte égaré
Les parfums et les sons s'enfouissent dans la terre

Couleurs désintégrées dans la cécité grise.
Les asticots se nourrissent de sens caché
Poussière d'étoiles dans les gravats d'églises.

JACQUES CHESSEX
(1934, Suisse)

VOTIF

Quand j'irai à la vraie place
Au moins que ce soit un jour de cerisiers
et de lilas
Et que ma tête ne ressemble pas encore
à celle des morts
Avec cette mâchoire qu'ils ont
Avant qu'elle se détache et tombe seule
dans l'ossuaire

Ce matin je pense à toi, Mozart
Dans ta fosse de tibias et de crânes
Ô glorieux, et ce jour-là qui était ton jour
ton ange pleurait
Parce que Dieu avait voulu pour toi
Ce Golgotha inversé dans la pluie du vieux novembre

À ma mort qu'il n'y ait pas d'ange
mais qu'il me soit donné
D'entendre encore une fois la mésange de l'âme
Et le rossignol qui a égrené si souvent
ses trilles autour de mon cœur
Que je sois seul moi aussi

Mais que s'ouvre l'air à ma bouche
Que vienne une dernière fois le vent que j'ai bu
Avec l'avidité d'un enfant qui tète
Et que mes os commencent à descendre avec lenteur
Dans la terre printanière

Je bois la mort, maintenant
L'eau de la mort
J'ai les seins du vide aux dents
Et le regret du corps aimé
en creux dans l'ombre sonore
Ah Mozart, chante encore à mon cœur sans forme
Ce chant céleste où toi et moi
N'avons part dans nos espaces

DANS LE VAL ROSE

Un jour je regardais dans le val rose
J'allais de ton cœur rose à ton regard
Je respirais une odeur de jasmin et de nard
Dans la faille noire où l'on suppose
toujours un peu la mort plus tard

Un jour je regardais dans le creux rose
Buvant le lait des ombres
mangeant le nard
J'allais dans ta nuit rose et noire
Au creux de la montagne
Et de l'éblouissement de la cime où l'on suppose
toujours un peu la mort si fine

Un jour je buvais à la source blanche
Dans l'obscurité d'une vallée
Il y avait une odeur de jasmin sur les pentes
Une étable était ouverte avant la nuit
Le temps passait

Le Temps sans temps
(CME, 1995)

JEAN-MAX TIXIER

(1935)

LAISSES BARBARES (extraits)

1

Des oiseaux teintés de sang de grenouille reprennent leur envol
Leur robe a changé d'espace
Les tambours se sont tus
Résonne encore aux tempes le piétinement de la danse immobile
La célébration d'un temps qui n'aura pas de fin
L'oiseau se souvient des parures des rémiges et du duvet pris dans
[la cire
Des plumes qui s'agitent dans la tête d'hommes en transes
Le vol se fait plus lourd
La forêt lance plus haut ses vagues d'émeraude
On ne sait plus dans ce naufrage qui tombe de l'homme ou de l'oiseau

2

Les dieux verts sont cachés dans le temple par des colonnes de soleil
Pas une pousse n'échappe à leur empire dans l'immense étendue
Pas un geste ne s'accomplit sans leur faveur
Pas une mélopée aux lèvres de l'officiant
Pas une image ne s'éploie
L'année ne tourne pas
La roue s'est arrêtée entre les bras du fleuve
Le tumulte des eaux naît du souffle des morts

3

À l'extrême pointe du dard
La goutte de venin embrase le silence
La danse de la guêpe en habits d'apparat conjure la douceur
Répondent les anciens aux visages de cendres
Tandis que la boue se craquelle sur les corps enduits de nuit

Douleur et joie plaisir et peur tissent la même tresse
Ici rien n'est pareil puisque tout recommence
Chaque homme est une jarre emplie de songes
Et tournent les nuées

4

La femme serre la galette de maïs sur son ventre
La violence de la moisson s'agite dans sa chair
Elle traverse à pas lent la mémoire en quête de l'amant
Son pied s'enfonce dans les légendes chaque fois plus profond
Nulle fatigue n'alourdit ses membres
Nulle angoisse n'entame le soir épandu sur les branches
Mais d'une étrange faim ses entrailles se nouent

5

Il y aurait des étoiles dans la prunelle de l'Ancien
Une nuit plus noire que la nuit du commencement
Sa parole tendrait d'une corde invisible le cercle des hommes
Jamais on n'entendrait aussi fort le silence
On ne sentirait jamais aussi lourd le lest de pierre dans le cœur
De jour en jour il y aurait plus d'absence
Plus de bornes en marge du village et du foyer éteint
Plus d'étoiles perdues dans les yeux de l'Ancien

6

Les lucioles s'épuisent à rejaillir de l'ombre
Il écoute le grésillement de la lumière dans les branches
Mâchant l'écorce du mot dont la sève rend fou
Il brasse l'air d'un geste jamais las
Il ramène vers lui l'insecte insaisissable
Les apparences s'apprivoisent et prennent forme du désir
Demain la pluie tissera le ciel à la terre
Quand la main écartera le rideau sur un rire de femme
Il reconnaîtra son passage à la douceur du vent

PIERRE DHAINAUT
(1935)

PAR NUITS BASSES, VOIX PRODIGUES

Pour Jacques Clauzel

Autrefois on avait un nom, on parlait à soi-même
et l'on se rassurait dans la tempête. Mais vois,
tu ne définis rien, ce ne sont que des phrases
qui se dispersent. Que tu tiennes, sous les poings,
les paupières baissées aussi longtemps que tu le peux,
à peine as-tu fixé un souvenir,
cela n'a aucune importance, en cette nuit
toutes les nuits se pressent : tu n'y es jamais seul,
ton corps n'est jamais assez nu pour elles,
se tiendrait-il en ce que tu crois un dernier regard.

On imagine établir des repères, tracer sa propre route
et progresser parmi les ruines : la nuit ne se pénètre pas,
ne se parcourt pas davantage. Ce mur sera le bienvenu,
ce n'est qu'ainsi que tu progresses, quand tu ne lui réclames
ni appui ni répit. Cicatrice ou bien fente,
aucune étendue pour les doigts au rythme des figures
brisées, reprises, ne restera inerte. Déchiffre-le,
cet alphabet de pierre, prépare-toi à ne plus séparer
la surface, le secret. Tu as la nuit entière,
tu as le battement d'un cœur commun à élargir.

Le moindre pas t'en persuade, la nuit demeure après,
bien après le reflux comme une senteur de varech
au ras des flaques innombrables, ne demande
qu'à s'étendre. Mieux vaut avancer pour la faire sourdre
ici. « Ici » évidemment n'a pas plus de sens
que là-bas, ni « avancer ». Tu espères pourtant,

tu te dis que dans un moment s'incarnera
le flot qui te redresse autant qu'il te renverse,
qui ne supporte aucun obstacle. Trop d'assurance
encore, trop d'orgueil en toi pour être d'accord.

Tu associais la nuit et le silence. Maintenant
tu écoutes. Tantôt ce bruit massif des lames
contre des digues, poursuivant leur travail de sape,
de plus en plus bref l'intervalle entre les coups,
tantôt ces cris de bêtes que l'on chasse, se précipitant
au fond d'une plaine, puis revenant, de plus en plus
opaques. Tu ne perçois, en fait, que des échos,
ils ne suffisent pas pour t'interdire
de rester au-dehors : tu devras lâcher prise
dans peu de temps, la rumeur le répète en bas, très bas.

Gravats, éboulis, labyrinthe... trop pur, un tel vocabulaire,
lui ajouterais-tu vermine ou larves. Rien n'apparaît
de ce que tu ressens depuis l'enfance en soulevant des planches
pourries, grouillantes, dans les friches humides.
Même les roches s'y délitent. Tu as choisi la page,
croyais-tu au miracle ? Elle est identique à ce linge
dont on prend soin d'effacer plis et ombres
pour recouvrir le visage d'un mort. Aucun signe
ne résiste, l'encre ne sèche plus, la nuit prolifère.
Le contour qui manque, la paume enfin le donnera.

La lande est froide en août, la nuit, l'herbe acérée,
tu te surprends à désirer qu'elle blesse
jusqu'au sang. Ce que tu attendais du jour,
le jour le refusa. Tu n'as scruté que les arbres des crêtes.
À terre, quand tu te couches, tu n'auras pas assez,
des talons à la tête, de tout ton poids pour t'agripper :
tu prétends t'éblouir, déjà tu guettes le passage
des météores. Contemple, imprègne-toi en contemplant,
réconcilie la patience, le tumulte, l'essor
et l'enracinement parmi les cailloux, parmi les étoiles.

Tu es clos de partout, comme ton lit,
ta chambre. Une nuit par l'insomnie se rappelle à toi.
Que peux-tu lui offrir, qui la soulage ? Le mot « confiance »
au plus fort de l'hiver venait spontanément aux lèvres
avec celui de « neige » : dans la mémoire ils continuent
de nous précéder jusqu'à l'aube. De syllabe en syllabe,
tu serais cet enfant grâce au murmure,
tu sentirais se dénouer tes membres, s'écarter
les parois, s'unir l'horizon et le rêve,
se rafraîchir, s'accroître, se répandre les souffles.

GILLES DURIEUX
(1935)

LOUIS-FERDINAND
MÉDECIN DES PAUVRES

Je vais vous dire en confidence
que madame Céline vit toujours à Meudon
en plein col
là où l'on en chie en vélo
même sur le petit plateau

Elle est protégée mame Lucette
par d'énormes chiens grincheux
comme ceux d'Alain Delon

Sur la tombe de Louis-Ferdinand
il y a des œufs de Pâques dans un bol
un bout de buis
l'autre matin il y avait aussi un greffier
appelé Roudidi

Céline et Arletty avaient l'esprit du pays
de Courbevoie
Jeunots la Seine leur servait de miroir

J'ai caché pieusement dans mon grenier
de Bretagne dix épingles à linge
avec lesquelles Bardamu réunissait
ses feuillets manuscrits

J'aurais bien aimé être Bébert le chat
de Louis-Ferdinand
pour sauter sur les genoux d'Arlette
de Léonie de Garance

pour miauler d'un château à l'autre
et pour affirmer à la Libération
que l'écrivain aimait bien
son chien

BLAISE CENDRARS

à Miriam

Pauvre et manchot
aux dires de Soupault
il aimait Paris
ses verrues
ses cancers
ses joyaux
atmosphère et nuance

Avec Jean Breton le galbé
le poète aux érotismes foliacés foliotés
nous lui avions offert une pige
du journal Radar
il était à sec le Blaise
grillant mégot collectionné
dans sa veste bleu de chauffe
rue de Hérédia rez-de-chaussée

et Blaise souffrait aussi de son bras coupé
de son moignon de sa moisson dernière
des grandes misères
de l'homme des tranchées
du poète retranché

Raymone toute sainte
sans plainte
toute amour
ne le quittait pas
parfois elle prenait l’accent carioca
alors le Blaise se redressait légionnaire
crachait son nina
tel un enfant se rendormait
se croyant à Ipanéma Rio
sous les grandes ailes du Corcovado

Ex-voto en or muscade
(CME, 2000)

CLAUDE ESTEBAN

(1935)

Cette femme, je l'ai vue
se faire toute petite sous le drap
et puis partir, ce n'était
pas assez, j'ai vu les fleurs, le trou,
la caisse qu'on descend, ce
n'était pas assez, j'ai vu toute
la pluie autour
et moi
comme la terre qui tombait sans bruit
contre le bois.

Je voulais vivre comme
les fourmis, dans la terre et mangeant
la terre, opaque et sans
futur, et même là je voulais
vivre aussi comme un ange qui passerait
par-dessus tout le poids
du jour, sans hâte, sans désir
et j'étais l'ange
et les fourmis, absurde
et lumineux et noir.

J'ai dit : je suis le mort, mais
je mentais peut-être
ou je ne mentais pas, j'avais si mal
que c'était mieux
de disparaître sous le sol, les jours
allaient plus haut, j'ai dit
que j'étais sourd, mais tous les bruits
me traversaient et c'était
mieux ainsi puisque la mort
est une chambre vide et qu'on est là.

Il n'y avait pas d'enfers, bien sûr,
pour aller voir
si les ombres duraient là-bas, si
quelque dieu
s'emparait de leurs voix, du sang
versé, il n'y avait
pas même ce recours que les pierres
se lèvent et qu'on oublie
la promesse d'hier,
qu'on se retourne, juste un instant.

Quelqu'un commence à parler dans une chambre
(Flammarion, 1995)

LIONEL RAY
(1935)

CONSTRUIRE

Ces choses qui ne pèsent pas
Ces ombres étranges suspendues à rien.

Ces oiseaux immobiles dans l'extrême
Immensité silencieuse. Et cela

Qui s'appelle l'absence et la légèreté
Ou la joie. Ah j'ai toujours aimé ce théâtre

En nous-même obscur et vide et profond
Envahi de brumes et de regards,

Et l'épaisseur des attentes et ce recueillement.
Ce combat pacifique

Du jour et de la nuit du désert et du bruit.
Peut-être étions-nous si proches que rien

N'aurait pu nous séparer ni l'épuisement
Ni le secret ni les nuages ni ceux-là

Pareils à nous qui s'attardent un peu – et passent.

HOMMAGE À JULES SUPERVIELLE

C'était une chambre obscure ensevelie sous la mer.
Peut-être ai-je dormi – qui pourrait le dire ?

Les mots lèvres fermées étaient suspendus derrière
Des vitrines entre des bouquets de marguerites noires.

Les morts passaient et repassaient devant nous
Avec des gestes pâles de promeneurs énigmatiques.

Nous écoutions comme on écoute un cœur
Les battements légers de l'horloge. Nous regardions

Là-bas la ville illuminée : la poésie
Vieillissait dans ses habits d'ouvrière indocile.

Elle avait perdu ses clés comme son ombre.
Elle s'inclinait à distance sur son image aveugle.

Elle était atteinte d'une flèche invisible
Et prise dans les eaux froides.

SCÈNE D'AMOUR EN MAI

Ces paroles maladroites dans la lumière de fin
D'après-midi, et l'horizon maître des orages !

Elle ne regarde que le bleu puis appelle
Sourdement : que voyez-vous dans ses yeux

Qui ne voient pas ? *cette douce présence*
Et la chair bouleversée, le grain magnifique

De la voix, le bruit léger des vêtements
Qu'on froisse. Lui déjà sur la rive

Comme au matin des agonies, respirant.
Elle étonna même les fleurs partout

Répandues, éprise d'insolubles énigmes,
Défaite, « écoutez-moi qui passe » dit-elle

Voix oscillante, voix faible et froide.

POÉSIE, TU T'ÉLOIGNES...

Poésie, tu t'éloignes sans apparence de douleur,
Cela fait longtemps déjà.

Mais les arbres et les routes sont toujours là,
Les maisons résistent, les matins réapparaissent

Avec la liberté sans déchirure des vents,
La suave pluie, les baisers de rencontre,

Et nul n'ignore que le passé est un brouillard,
Une ville aux portes toutes fermées,

Ainsi les voix que nous aimions sont à jamais
Glacées, captives de l'ombre et de l'opacité,

Sauf un enfant peut-être qui aura perdu le sommeil
Et qui regarde
l'éblouissante nuit.

ANNIE SALAGER

(1935)

PEUPLE D'ESPACE

Il va où l'or biologique attisé de feux d'ombre
dans un cercle de bleu où des lunes naviguent
l'éphémère milliard mimétique du vivant
il va où multiplié dans les courants
invisibles de l'espace et simplement poussé
par la gifle des vagues ballotté par le temps ?

*

Tiens un jour nouveau
le logement qu'il m'offre
semble immédiatement disponible
– non sans un nectar de temps
gracieusement offert à tous –
un jour nouveau m'illumine
mais je me méfie et me voici
sans tarder par lui fatalement effacée

*

Attentive au travail hétérodoxe du temps
je vais mais où vais-je
pourrais-je lire son ardoise caresser
le vide sur un calendrier aléatoire
le pourrais-je où irais-je
aimer en lui un songe d'univers
une feuille d'or m'en parvient
un seul soleil léger à la fenêtre ouverte
elle fait luire ma peau comme un bois bien ciré
où la vie se donne sans question et se contente d'être

*

Nuit et jour un peuple d'espace
balaie le menu fretin des villes
avec l'énergie des aurores
un peuple de transparence
entre poissons et mer claire
qui s'éteint depuis un demi-siècle
dans la majesté des dauphins
il balaie même les enclos où les bœufs
à l'haleine de lune avaient
d'archangéliques sommeils
je le respire parfois dans les yeux
que j'aime je le respire au corps pluriel
qu'il traverse d'un souffle

*

Pour me distraire je contemple
la lune en plein après-midi
je prends les taches sur la vitre
pour des oiseaux en vol
vers le fleuve l'un d'eux surgit
solitaire du passé bec tendu je l'oublie
je la contemple goulûment elle me tient
lieu d'amour d'enfant d'alcool d'humanité
la lune de plus en plus claire
celle des récoltes et des océans
un instant rien ne change sur terre
toutefois la pâleur de sa roue
avec sa question lumineuse
exige de moi un savoir que j'ignore

JACQUES IZOARD

(1936, Belgique)

Les mots n'ont pas d'haleine
ne souffrent pas du froid ;
je ne peux les lancer en l'air
ni les avaler tout crus.
Les mots n'ont pas assez de mots
pour dire qu'ils n'existent pas.
Mais un mot pour un autre
suffit pour dire « je t'aime ».

*

Et les mots se crèvent l'œil
et font la guerre à qui mieux mieux.
Les voici disant « Bagatelle ! ».
On les entend sans les entendre.
Ils vivent en toi qui les étripes
et en fais des mots à poèmes.

*

Sommeil-neige envahit maison.
Tout devient lourd, vaporeux,
comme si l'on ne pouvait
ni frémir, ni trembler, ni parler.
Comme en un coffret d'acajou
protégeant bijoux et sornettes.
Noir destin d'être en vie !

*

Sommeil-gel qui garrotte
et nous maintient en nous-même
avec nos os de tous les jours,
nos pupilles immobiles...
La voix se tait, qui proférait
on ne sait quels rageurs discours.
Poème ne fait plus des siennes.
Sans cri, ni soupir ni écho.

*

Regard sans sueur qui me fixe
mais qui ne me voit pas,
qui n'est qu'absence infinie
depuis la nuit des grottes :
miroir glacial qui ne reflète
que l'implacable temps passé.
Les jours d'aujourd'hui s'éloignent
dès leur naissance et leur semaison.

*

Cheveux très noirs d'ange
qui teint ses sourcils au charbon,
cheveux tellement noirs
qu'ils font que la nuit se lève
obscurcissant toute la cité.

*

Tu sors enfin du tourbillon noir
qui t'a dépiauté, lacéré !
Quelle rage à l'inerte aphasie !
Quels flux aigus et glacés !
Et ces étranglements du souffle
qui n'en finissent pas !
Hâve avec des yeux perdus
tu peux à présent dormir serein.

*

Recommencer l'histoire :
ont-ils disparu les sommeils anxieux ?
Rêves-tu encore de la tour de Babel ?
Et les petites échardes te blessent-elles ?
Et la chambre où ton sexe
était toute ta vie,
immerge-la donc à tout jamais.

*

Obscurs : le poing, le rêve, la vie.
Mais ne plaignons que les marées

toujours mariées au sel marin.
Mais ne craignons que les oursins
avec leurs piquants en pelote.
Vers le large, nageons en vain.

*

Et tu ne diras à personne
que personne ne vient :
tu pourras enfin dormir
sans sommeil pour t'accompagner.
Mais il faudra que tu délires
jusqu'au bout de la nuit.

*

Tu me dis : je ne veux pas de vin.
Plus tard, tu te délectes en douceur,
avec prudence, du rouge liquide
et l'on te sent serein
malgré ta lassitude.

*

Vin que la main ne touche ni n'épand
mais que le regard attise.
Et tu vis dans ce fauteuil de cuir
quelques moments sans mots,
t'avisant sans doute
que tu dois rire quelquefois.

ANDRÉ LAUDE

(1936-1995)

Une haute tour de larmes
je vois
une haute tour de larmes
Au pied de la tour
nagent méduses et couteaux
ailes de froid

En haut de la tour
veille une sentinelle
pin de silence et de gel
Qui vive ?

Une haute tour de soif
je vois
une haute tour de soif
Dans la tour
rugit août en rut
éclaboussant de sueur les parois

Une haute tour de sang
je vois
une haute tour de sang
peuplée d'yeux vides
de cadavres impraticables
de fiancées mortes dans la fleur de l'âge

les fers aux pieds
les chaînes aux épaules
dans la tour
je suis prisonnier
Parfois je chante
liberté sur parole
Parfois je crie
sombre cortège des Atrides

Derrière la tour
se déploient la mer les bananes
Derrière la tour
sourit l'enfant de blanche farine
derrière la tour
des hommes libres lèvent
des drapeaux et des hymnes
des poitrines graves rêvent
des cicatrices naissent
des poings combattent
comme des fleuves

Près de la haute tour
De larmes
De soif
De sang.

Tous les chemins mènent à la mort
c'est tout ce que j'ai appris
Tous les chemins mènent à la nuit
où se dissout l'arbre du corps
la main qui a fouillé la femme
en croyant arracher le rubis

À feu à sang je culbute
de journée en journée
je recule je flambe j'exulte
en attendant l'instant fatal

Ô mort mer étale
pays d'astres poignardés
sois douce quand lentement
tu me pénétreras.

YVES MARTIN
(1936-1999)

Sur la Butte, on autorise à tirer l'aigle les vendredis et mardis matin, balle unique et juron pourpre en abeille de vignes, ces vignes qui n'avaient alors pas besoin d'épaulettes ! Le Sacré-Cœur n'est encore qu'un croquis dans l'album d'un chapelier sur cour auquel on accède par une brèche tel dans un jardin et après quelques griffures. Dans la cour, un marronnier d'encres, d'encoches, sérieux pupitre la semaine ; le dimanche, enfant de chœur embarrassé dans ses étoffes et qui n'a qu'une espérance : aider les cousettes à bifurquer autour des flaques, mais, comme toujours c'est un monsieur, un littérateur des étages, un certain Eugène Marsan qui assure cette délicieuse esquive, il se console en étant le seul ami du rémouleur qui ne craint pas les fables. Au cimetière Saint-Vincent, on s'égare en forêt, prudent d'emmener le boire, le solide. Le gardien ne quitte pratiquement pas les lisières. Si vous le croisez, il prétend lui aussi s'être semé et sans rincettes ni biscuits devoir user de vos réserves. Dans les sous-bois, les tombes ne sont visibles que les jours des enterrements. Ensuite d'étranges voyageurs de commerce les emportent avec le même flegme qu'un désordre de cravates. Le cimetière Saint-Vincent ferme sans prévenir à n'importe quelle heure, en proie à tous les équinoxes, les humeurs, semblable à ces taxis qui s'arrêtent, écoutent un peu trop longuement et ne chargent que ceux qui ont saisi le piège fatal. Et cependant ne peuvent renoncer à monter. Les morts refusent la promiscuité. Ce qu'ils aiment, parcourir des verstes, puis, arrivés à destination, en aiguiller une autre. Quelle que soit leur origine, ils deviennent des hobereaux. Territoires mais versatiles, élevages mais sans qu'on puisse nommer, même pas un début de corne, servantes avec, partout des lampes comme des montres folles, ils lisaient, mais ne se fixaient jamais dans l'âtre, tisonnaient en respectant les admirables maladresses, guérissaient les maladies, paisibles, invulnérables. La pluie était leur horloge la plus fragile, ils n'y touchaient qu'avec précaution à l'aide de symboles toujours renouvelés. Le vent ne part jamais sans un ordre de mission précis, il doit être digne de ses blasons, de ses rages, il ne se saoule jamais dans une auberge sans la plus haute nécessité, pour la gloire du plan et de l'œuvre. Il ne se couche que sur des épées, n'entame une fille sans avoir auparavant couru un orémus, il sait dans la maison des pauvres demeurer en bout de table, chez les bourgeois, il exige, dans le château du noble, il défend les plantes.

Un sol en pinte de beaujolais, une allée à tirette, une buse de la toujours dernière tournée, un vent de flanelle, de la sciure, ah, les missels de Belzébuth, la chicane d'un sapin bleu, la tournante odeur d'un phare de crottin, des lampions : jarres pleines de la vallée du Nil, tout cela, vulgaire, merveilleux, champêtre ! Des mois. Son balcon ne respecte pas les relais. Mes gestes ne reçoivent pas en appel la moindre noce. Le diable m'irrite, une braise qui ne pilonne pas. Je commence de mon igloo à dessiner une cabane, un bunker, des planches, une roulotte. Que tu n'aies jamais été de mes fantômes m'isole, me résiste. Je me caresse comme on tente un revers. Début d'après-midi. Les mardis. Parfois les dimanches. Les autres jours. Une cour en spirale. Le son des anciennes poupées dort dans une clepsydre. Le mulot ne se montre pas ! Rien à consumer. Le pissenlit, vigile grisâtre, dur ergot. Lumière, une chaloupe qui ne rentrera pas au port ou hantée, craquant couloir. On n'a pas changé de maillots les géraniums depuis des décennies. Un cartable absorbe inlassablement une huile séculaire. Les blasons gèlent de messes noires. Sarments expéditifs. Les loques jetées des étages sont aussitôt détruites, le pendule, la tronçonneuse. Dans cette fenêtre à l'exception des mardis, parfois des dimanches, on ne fore pas, on n'accroche pas de lampes à la gueule des monstres. Flasques édredons. Jamais plus d'une joute de briquet. Mais les mardis, parfois les dimanches. Malin qui la reconnaît. Le plateau d'une scène qui vacille. Un toboggan qui se renverse. Un passage secret. Les salons d'une montgolfière. Les chambardements des glaces à la fête de Clichy. Un fiacre dont on ne peut mesurer la ratine qu'à l'échelle poétique. Les tunnels de l'ardeur amoureuse prolongés par le nez, les quintessences de lune de Cyrano de Bergerac, la clepsydre s'enrubanne, poupée maraîchère et luisante. Le mulot revient comme les amis lorsqu'on a triomphé de son analyste. Le pissenlit, à nouveau de la cocarde, du pressoir. Ketchup, le géranium. On reprend le cartable On ne l'omet qu'entre des escapades. Les blasons se sont ragaillardis à la bisbille des tambours. Le sarment se gante. À tous les étages, on arrose les guêpières de feuilletés, de nids de mirabelles. Le pendule, la tronçonneuse traînent ensemble, de très vagues connaissances dans l'ultime bar ouvert. Le néon s'éloigne. Derrière sa caisse, le gérant déglingue la réglisse. Dans la cuisine, un robinet fragmente. L'escalier avance d'un jet de dune. Les poubelles en plastique font un léger chahut, rames, branches qu'écartent les épaules, les têtes. Une femme. La trentaine. Devant la fenêtre, elle ne manœuvre que quelques secondes. Un capitaine sans équipage qui occupe tous les postes. Le pavillon corsaire est mis : quignon de pain dans un sabot de Noël. Elle paraît monter, descendre au même rapide penchant qu'un rapide baril sur un pont. Le mât. Un masque. Ne s'ajuste pas. Mais, peut-être, n'est-ce pas un bateau : le *Berlin-Express* ? Loupiotes lancées en noyaux de cerise. D'abord on pense à de la malice ! Un enfantillage ! On s'affole. On se précipite. La porte sur la voie. Au-delà, l'espace n'est pas un mince badaud. Elle résiste. Dans le couloir, un homme tape sur sa valise, la réduire à la taille d'un talon, la tarabuster, récalcitrant samovar, lui apprendre la danse du chat, la soulever, puis lui ôter l'appui, un trop court voleur de pommes. Il a tort de ne pas se calfeutrer dans un compartiment.

Il faut savoir me remettre à ma place
(CME, 1999)

GABRIEL MATZNEFF

(1936)

UNE PHOTO À TOULOUSE

Immobile icône pâle,
À la pentecostale lueur des cierges langues de feu
Trouant une pénombre jacobine,
Dans la vaste église à la vacuité bizarre, mahométane,
La jeune fille veille, silencieuse,
Les cendres du Docteur Angélique.
Debout contre un pilier, invisible
Sentinelle amoureuse, l'amant
Au cœur qui bat le tambour
Contemple son enchanteresse,
Sa nymphe de la chambre 112 au Capoul.
Christelle, Christ-Elle, ubi Christ-Elle, ubi amor est,
Ton prénom est marqué du sceau du Roi des rois,
Moi, c'est ma peau que nos amours ont à jamais scellée,
Mon tendre Christ païen, ma lectrice du désir et du rien,
Ma passion, mon oublieuse.

SUPER FLUMINA BABYLONIS

Pour Nicolas et Véronique Lossky

La neige, poudre blanche, a posé son voile
Sur le pâle visage enfantin de Toto.
Pourquoi, Seigneur, fait-il soudain si froid ?
Quel est cet inexorable exil qu'on nomme la mort ?
Aux rives des fleuves de Babylone
Les harpes se sont tues.
Nos larmes coulent, silencieuses, et les mots
Que Jésus, pensif, trace sur le sable,
Disent notre misère et Sa miséricorde.

Super flumina Babylonis
(La Table ronde, 2000)

FRANCK VENAILLE
(1936)

CANTOS

DU CHANT PREMIER

J'
avais
peur
de me rendre sur leur tombe
ô
combien je craignais cette prise de main.

D'
ailleurs
qu'aurais-je bien pu psalmodier
(le cœur lourd de ma présence au monde)
sinon la vengeance de Dieu ?

Trop tôt & trop tard pour être mon propre ange gardien.

IL
suffisait toutefois de rallumer
la
mèche de nos bougies
enfoncées à demi
là
dans la terre
très ancienne.
- comme ébréchée -

Pour supprimer l'effroi.

Du chant second

La vie m'a blessé d'âme.
Ah ! ce mur d'anxiété
qui
peu à peu
m'enserre.
ALORS
que
simplement je demande à quitter la scène où je me débats
fût-ce par la sortie bon secours.

Ce sont toujours les mêmes qui pratiquent l'autopsie de leur
propre corps.
Cela tient du cheval-vapeur ouvert dégoulinant de viscères
noirs.

Je
ne cherche qu'à disparaître dignement de ma vie.
Avec un zeste de dandysme pour l'illusion dernière.

Rien !
On est rien.
On naît mort.

Vite on recoud vite en sifflant vite le cadavre.
– déjà fané avant l'heure légale –

Du chant troisième

Les
trépassés de l'aube dans la chambre
voisine
(encore si peu vivants soient-ils !)
ce
n'est
pas
avec eux que l'on échangera farces & attrapes.

Lentement, ils pénètrent lentement dans ce chant troisième
sans penser aux dépenses du temps,
lentement.

JAMAIS
on
ne les voit se plaindre
à l'office sous perfusion
JAMAIS
on
ne les entend critiquer
le choix de l'Éternel.

Forcément la vie s'en est pris à eux
– d'abord à eux –

À
ceux-là !

DU CHANT QUATRE

Échange :
spleen, détresse, anxiété, appréhension, sentiment d'oppression,
contre non pas *lebonheurmondieu* mais au moins quelque chose
ayant à voir avec le repos du corps.
Ah ! De celui-là avec son monde nocturne, caves et souterrains,
je suis prêt à m'éloigner.

Pourtant nous fûmes amis, je me souviens.
Liés l'un à l'autre, j'en ai souvenir.
Un peu amant, frère & père, je l'ai parfaitement en mémoire.

Dès lors :
pourquoi se dispenser de lui ? Le demande-t-on à la femme belle
qui vit en chacun de nous ?
Et puis pourquoi, oui pourquoi se séparer de l'intérieur certes
rempli de vapeurs,

de sécrétions fatales, d'odeurs d'avant-hier ?
Pourquoi ?

ET LE COURS DU FLEUVE SANG !
Celui-là, c'est Meuse, Rhin, Danube, Tamise réunis.
Je me souviens. J'en ai souvenir. De sa beauté.

À qui nous cédons toujours notre place dans l'autobus 80.

DU CHANT CINQUIÈME

Lorsque
je
serai réconcilié avec mes morts.

Quand
ils
s'
attableront avec moi
pour le festin du soir,
moins inquiets qu'autrefois ils ne l'étaient, vivants.

Encore sur la réserve aux mains gantées d'hiver toutefois.

Alors
alléluia alléluia la neige
devant
tombes
ouvertes
nous danserons
alléluia
l'
ALLEMANDE
Autour
du
brasero
où
leurs ombres se morfondent & tremblent.

MARC ALYN
(1937)

UNE ÉPOQUE CHARNIÈRE

L'imaginaire était une tête brûlée de Baphomet guettée par le bourreau,
L'exil, le noyau dur d'une comète sans espace, épouvantail favori des corbeaux.
Je me souviens de natures mortes en attente du coup de grâce
Où gisait une poule faisane au milieu d'une conjuration de cristaux, de raisin, de cuivres, d'étincelles.
Le temps, en ce temps-là, ne faisait pas d'usage,
J'en jetais par poignées aux musiciens errants,
L'aveugle avec son chien dépeçait mon présent.
Dieu débordait, vin fou, du pressoir des orages.
Je me faufilais à grandes aiguillées en direction du Centre, point d'ancrage
De l'âme en perpétuelle invention d'elle-même.
Le verbe sur le gouffre osait des passerelles
Si vertigineuses que le siècle pourtant porté sur la déprime
Refusait d'avancer en dépit des menaces, des promesses, des banderilles.

En marge, ayant vécu ici ou là par défaut
Dans le refus des filiations et des paternités,
Le dos au mur à l'extrémité de l'impasse,
Je contemplais l'inexistence sans limites,
Déporté volontaire au goulag du poème
Avec les droits communs de l'immortalité.
Au marché noir, la mort vendait des yeux en solde,
Des bagues où nageaient des poisons délurés,
Sur le sable, l'Histoire jouait aux osselets, buvant pour oublier.

D'autres neiges, d'autres indéchiffrables bruits de pas
M'accompagnaient au sein d'une cohorte de mages, de soufis, de sibylles, de lunatiques

(Car je n'eus jamais d'amis qu'hérétiques)
Vers les confins qu'illuminait le suicide des dieux immolés par le feu.
Le non-dit trouverait-il ailleurs son origine ?
L'œuvre consistait à traduire en poésie, langue étrangère au sein de toute langue,
Qu'elle magnifie et corrompt,
Les dernières paroles du Millénaire agonisant.
Les mots prenaient les mots en otage.
Les exorcistes rentraient tard.
Quelque part le sang coulait, inutilement rouge dans le noir.

LES FINS PREMIÈRES

À l'image de l'enfant d'Égypte destiné à devenir momie au British Museum
Et qui se lève avant le jour pour piéger les oiseaux près du fleuve assoiffé,
Nous fûmes assidus à traquer le délire giboyeux et l'ébriété d'exister.
L'au-delà de la nudité nous guidait à travers les fruits-labyrinthes.
Des algèbres aiguës sourdaient d'une caresse
Prolongeant la courbure d'une hanche jusqu'aux limites de l'univers.
Les œufs, la chair des bêtes, les laitages pareils aux épanchements mystiques du figuier
Multipliaient à l'infini le féminin singulier.
Tout l'enfer et son train tenaient dans une rose
Effeuillée sur des seins de haute voltige à l'instant magnétique
Où l'aube de soie sauvage étrangle les sultanes.
La luxure mirobolante fut notre esclave préférée
Au bord de l'ombre soulignant de ses cernes la solitude hargneuse des objets.

GIL JOUANARD
(1937)

Écrire, pour moi, ne peut être rien d'autre que rendre compte de l'instant présent.

Il n'est nullement surprenant que je me sente tant d'affinités avec Chardin, lui qui aurait tellement été en peine de peindre des allégories à la manière de Poussin ou des scènes de genre à la Le Nain. Lorsque ses humains, toujours des proches, des *familiers* apparaissent dans ses tableaux, ils sont seuls parmi les objets.

Je suis moi-même seul parmi les objets du monde ; c'est donc de cette solitude, nullement désespérée, bien au contraire, jubilante, et des objets qui l'environnent que je rends compte, si j'ose dire, non seulement légitimement, mais logiquement ou, si l'on veut, *tout naturellement.*

J'écris comme on parle en aparté de ce qui tient à cœur au moment où on le profère.

Cela donne une littérature dans laquelle le lecteur ne saurait se livrer aux joies fantasmatiques de l'identification.

Il ne peut que me répondre (même de loin, au fond de lui-même) ou se taire ; il ne peut se prendre pour mon héros, qui n'est même pas moi-même, qui n'existe pas.

Quand on écrit de la sorte, on ne se pose pas la question de savoir comment on écrit ; encore moins celle de savoir pourquoi. On écrit parce qu'on n'a pas trouvé un autre moyen d'exister.

– Comment écrivez-vous ?

– Avec ma main droite, guidée à bonne distance par mon cerveau et au moyen de mots qui, chacun pris séparément, appartiennent à quiconque en use, mais, assemblés, n'appartiennent qu'à moi. Vous pouvez leur répondre ; mais leur assemblage ne sera jamais le vôtre. C'est tout.

Ce dimanche 19 août 2001, dans le silence humide où les gouttes sur les feuilles des ormeaux font penser à un Glockenspiel, *et en même temps à un* Glassharmonica *!*

L'emprise de la brume du matin sur le paysage qu'elle transfigure et par instant va jusqu'à éluder propose au regard fraîchement éveillé l'un des chromos les plus élimés de l'iconographie populaire. Il n'est pas jusqu'aux peintres de grande envergure qui n'aient cédé à la tentation de capter cet instant prestigieux, dont la relative fragilité fait sans doute le prix, et de célébrer cet avatar du climat dont raffolent aussi les poètes, les photographes, les cinéastes et les conteurs. Le Saxon Friedrich est même passé expert dans cet art de montreur de brume, où excellent aussi les Hollandais et les Flamands du XVIe siècle. Il est devenu, pour les contemplateurs de reproductions et visiteurs occasionnels de musées, le guetteur de brume par excellence, et je fais partie de ceux qui ont fait le voyage entre Leipzig et Dresde uniquement pour aller survoler à mon tour les mers de brouillard et les épanchements de brume matinale, joyaux du catalogue friedrichien.

On serait donc tenté d'en plaisanter, s'il ne nous fallait pas admettre en toute franchise que ce poncif artistique fait toujours son effet !

On a beau ne pas vouloir s'en laisser conter par les mollesses du consensus artistique, où peuple et bourgeoisie pour une fois s'accordent, il suffit que se produise le fameux phénomène d'origine strictement atmosphérique et que, tôt au lever du jour, on s'éveille soi-même tandis que, dans le lointain, réduit enfin à l'espace de quelques mètres, s'étend l'emprise du front uni de ce flou souverain, pour que l'on soit, depuis la surface oculaire jusqu'aux tréfonds enfin attestés de l'âme, happé par le flux de ce bain de sensations assourdies (en rien plus mystérieux, tout compte fait, que le visage d'une femme voilée), bien gaillard ou fieffé menteur serait celui qui résisterait aux effluves du charme, et qui ne verrait pas les chevaux de frise de son quant-à-soi balayés par cette vague d'assaut où l'émerveillement et la jubilation s'avancent coalisés !

D'ailleurs, même sans être Patinir ou Cartier-Bresson, on ne peut s'empêcher de se précipiter sur son Leïca et, séance tenante, de capter ce que l'objectif, et notre habileté à le manier, sont capables de saisir de cette fugacité aussi insondable qu'un abîme, que l'on verra pourtant sous peu s'effilocher, partir en lambeaux au hasard du ciel, et finalement s'y dissoudre.

Dont acte. Et, comme on ne peut écrire et photographier à la fois, au revoir et à bientôt !

Du bord du méplat de Saint-Pierre, regard noyé dans la brume de sept heures du matin, à travers laquelle un soleil pâlot tente une percée moins héroïque qu'il n'y paraît, puisqu'il est sûr de son fait. Ce 20 août 2001.

VÉNUS KHOURY-GHATA

(1937)

ORTIES

Noircir des pages jusqu'à épuisement des mots et surgissement de ce personnage que je vois pour la première fois.
Je ne connais pas son nom
inutile de le lui demander
il ne sait pas écrire
ne sait pas parler non plus
Il sait seulement qu'il est né du voisinage de deux mots que le hasard
a mis côte à côte
il se laisse faire lorsque je l'installe au milieu de la ligne entre un
[verbe
et un objet mais le pousse du coude lorsqu'il essaie d'occuper tout
[le terrain
et fais la sourde oreille lorsqu'il essaie de m'entraîner dans l'action
j'ai décidé d'être le seul maître du jeu
Suspendue au milieu de la page
j'attends un deuxième personnage pour prendre ma décision
Sa parution ne saurait tarder
c'est visible aux remous qui agitent la ligne
au mouvement des vagues qui la traversent de bout en bout
un mot va surgir des profondeurs
mot différent des autres
je crie dans sa direction mais il ne m'entend pas
il se retourne à un moment donné
secoue la tête comme si mes appels étaient formulés dans une langue
[étrangère
me conseille de m'adresser un étage plus bas
à la ligne suivante
puis me glisse le mot de passe *Orties* pour faciliter ma tâche
«Retenez-le bien sinon tu passeras ta vie dans la marge. Les pages c'est pareil aux gares. Les rails obéissent à une stricte logistique. Le fait de les déplacer perturbe le trafic et mène à d'autres quais. Vous perdrez toute trace de votre voyageur. Celui que vous attendez de

tout temps. Votre personnage principal qui détient toutes les ficelles de votre récit car tout converge vers lui. Vous le reconnaîtrez à l'odeur.

Une vieille femme pliée jusqu'au sol arrache à mains nues
l'ortie qui a poussé sur la page puis la lance dans la marge
Elle s'arrête le temps de me crier qu'elle fut ma mère
je suis forcée de la croire à cause des orties
C'était hier
c'est-à-dire plus d'un demi-siècle
l'hiver venu
les orties montaient à l'assaut de nos fenêtres
empêchaient le jour de pénétrer dans les chambres au plafond noirci
[par
la lampe à pétrole
la femme qui était notre mère partageait avec nous la même odeur
[d'herbe jamais
fauchée et mêmes pluies
remettant toujours au lendemain ce travail qu'elle disait au-dessus
[de ses forces
C'est une fois morte qu'elle retroussa ses manches pour leur faire
[un sort
Ses ahanements ne sont pas signe de fatigue
mais de satisfaction devant le travail accompli
« J'aurais dû le faire de mon vivant quand j'avais plus d'énergie »
explique-t-elle sur un ton d'excuse en s'essuyant le visage avec son
[tablier
geste qui montre l'étendue des dégâts de sa robe rongée par l'humidité

Elle parle pour parler
son silence pouvant être mal interprété
faire croire qu'elle n'est plus de ce monde
Elle parle pour remplir la page et débarrasser le terrain vague de ses
[mauvaises herbes
Elle dit des choses sans importance
et les années lui tombent dessus à mesure qu'elle parle
une ride de plus par phrase

Les années explique-t-elle sont de vieilles connaissances
des voisins acrimonieux dénués de grâce qu'elle hébergeait par charité
elle avait pitié d'elles une fois l'an
le premier jour de l'automne
sa sympathie allant au grenadier qui éclaboussait notre seuil d'un jus
sanguinolant
les menstrues de notre mère taries par l'âge lui revenaient par le
[biais de
l'arbre qui la regardait le regarder
Pourtant elle n'était pas si vieille à l'époque
c'est une fois morte qu'elle avait vieilli d'un coup
lorsqu'il fallut traverser le pays ravagé par la guerre pour l'enterrer
[dans son village
Un village si pauvre
les hommes remplaçaient les arbres
les femmes étaient l'herbe

Mais elle a beau faucher
l'ortie croît plus vite que ses gestes

Arrivée un mercredi soir si mes souvenirs sont bons
elle ne put compter sur l'aide de personne
pas le moindre verre d'eau ou morceau de pain ne lui fut proposé
Elle enchaînait le jour à la nuit
travaillait sans relâche
consciente qu'elle pouvait remourir
les voisins la voyaient s'activer distraits par le bruit du vent qui
tambourinait sur leurs volets :
du soleil qui s'étrécissait de jour en jour

On l'oubliait le soir quand l'obscurité tombait tache d'encre sur
page raturée
un passant étranger au quartier la prit pour une personne vivante
mais pas beaucoup
et suggéra qu'elle fera mieux de laisser sa place à une ortie.

Le mot *Orties* me ramène à mon point de départ
je vais devoir aller à la ligne
ou reprendre une autre page

avouer que rien de ce que j'ai dit n'est vrai
qu'il est impossible à une femme de surcroît morte de revenir dans la ville qu'elle habita de son vivant
pour arracher des plantes qui la narguaient lorsque les insomnies la jetaient vers la fenêtre
d'où elle avait vue sur le mauvais côté de la nuit.

JACQUES LOVICHI

(1937)

MESURE DU SOUFFLE (*extraits*)

Tout ce qui
m'était
M'est advenu.
Rutebeuf

1. ne pas rêver sa vie ne pas
dormir debout comme une sentinelle
fautive
ne pas prendre surtout
les vessies du désir pour les lanternes
de l'amour et rire
rire comme égorgé
pour faire taire enfin
le ressac de ton sang

un géranium dans le patio :
il faut en écraser les feuilles
pour mieux s'enivrer
vers le soir
de son parfum d'oubli

mais
vivre dans l'instant
jusqu'à tout occulter de cette
insouciance et
de cette légèreté
absurdes
qui sont l'extrême politesse
de la douleur

2. *insidieuse*
se referme *sur la chair frémissante*
et pulse *ses laves*
à des profondeurs
abyssales

s'érige
nu
le roc
au-dessus
du gouffre

oraison
jaculatoire
comme un cri de mouette
au plus haut point de la falaise

ô *raison*
de toute éternité
enfuie

la vie
s'absente
n'est plus
que ligne
d'
horizon

(c'est ainsi que s'écrit l'histoire
perpétuelle éjaculation de races et de signes
et la vie bondit de nébuleuse en nébuleuse
jusqu'à s'identifier intégralement à la mort)

écritures précises et multiformes
de ce texte sans commencement ni fin
qui précède
de peu la noire
éternité

3. *l'ultime lueur*
là-bas
de l'autre côté du fleuve
en quelque crypte désertée
charbonne
grésille
et
meurt
larme cireuse et nue des agonies de l'aube

(les origines sont inscrites dans la roche
friable qui livre un peu plus chaque jour
ses secrets d'algues et de coquilles
le vent fait chanter la garrigue
l'air embaume le romarin
un merle crie dans l'épaisseur des feuilles
ici pourtant était la mer)

or le nageur aux mains aveugles
comme au creux d'un grand coquillage
attend encore entre deux eaux
la première pointe de l'aube
puis s'abandonne
se déserte
tombe sans fin au gouffre sombre

et franchit le cap du sommeil

alors sonnent comme tambours
les pariétaux de cuir de l'homme des tourbières
un
jour
viendra...

4. *allégresse ! allégresse ! chant*
d'allégresse
comme
au matin
s'élève un lent vol de colombes

ou comme une volée de cloches
aux rosoiements de la primaube

une fraction d'éternité
puis soudain
changement à vue :
du soufre tache l'occident
d'ouest en est le ciel se déchire
grondent les chiens noirs du couchant

il fait un temps
d'Apocalypse

orage du cœur et des sens
trois gouttes d'eau suffiront sur la pierre
pour déchaîner les forces
sombres
pour armer tous les sortilèges

éclatera sans troubler le silence
sur l'étendue de bruyère et de joncs
le rire carnassier
des dragons
invisibles

5. les noires nefs
depuis longtemps
ont replié leurs voiles au fond de nos mémoires

mais sur la lande
grise
où s'épandent les ombres
luisent
les yeux porcins des compagnons d'Ulysse

voici
que vient
le crépuscule
et cette face d'ombre en nous

qui se fait jour
qui grimace
qui rit sous la poudre des siècles

et nous sommes
alors
au seuil de la légende

à la surface du silence
crèvent trois bulles irisées :
ah ! rien ne restera de nous
qu'un arbre foudroyé sur la berge du fleuve
que le cri d'un busard à la corne d'un roc
qu'un reflet clignotant dans la moire nocturne

pourtant

quelque chose de nous
vivra
dans le balancement léger des asphodèles
au tiède souffle
du matin
dans la gorge blessée des colombes de l'aube
et dans le friselis d'écume
tremblant aux mousses du bassin

dans le granit
et sur l'écorce
où nous aurons posé la main

et ce n'est pas douleur
cela
juste une flamme qui vacille
sous le souffle froid de l'hiver
moins :
une perle de gel à la pointe d'une herbe
moins encore :
un incertain reflet
dans l'œil ou sur la vitre

dernier acte du mélodrame
banal
et cependant
l'engoulevent crie dans les feuilles
sur le bord du fleuve scintille
la luciole des jours enfuis

il
pleut
de la mort douce sous les arbres

indéchiffrable
seigneurie
de l'instant.

JACQUES BLOT

(contemporain)

Ah ! l'irascible désir qui écrase les bornes
abolit l'attente et la distance entre les peaux !
Te voici   vénéneuse   m'offrant ce philtre qui enivre
mordant à pleines dents cette nuit d'étamines ardentes
sous tes griffes l'arc se tend jusqu'à briser l'inviolable
pour que sur nos corps l'étreinte se grave en signes de feu
Je te guette en ta souple approche qui louvoie et se love
tandis qu'entre nos jambes rôde la panthère insatiable
dont l'appel prédateur débusque et libère
l'instant pur aux gréements de folie   ô cette chair à vif
d'où monte la genèse des heures pleines de vertige
scandant l'été limpide et la fièvre du sang
Puis monte le chant d'une alouette dans l'aube qu'inonde
une mystérieuse blancheur   et la lumière intercède
pour lacérer de fulgurances cet aveu d'infini.

Allégresse du désir qui est distance où je me blesse
tandis que ton regard assassine l'ange de la nuit
Tu fus blanche   tu fus rouge incarnat   désormais rebelle
sois l'esclave noire dont l'été a moissonné l'éclair
surprends par le sang pour que demain saisi d'étonnement
devienne merveille torrentielle et que me soient tourments
l'épaisseur et le poids   si troublante odorante
écoute les grillons de haute passion
danseurs d'air vif ensorcelés aux aromates
dès que l'incroyable cithare de l'aurore
fait vibrer l'ocre dans un éblouissement de verrière
Ta parole porte une promesse de feu
appel de nos délires ton visage sonne le vivre
enlacés nous partirons à la conquête du plaisir
pour sceller dans la liesse alliance de braise.

Visitation du désir
(CME, 1999)

CLAUDINE HELFT

(contemporaine)

JEUNE FILLE ENDORMIE

Pour Géraldine

À l'heure d'une nuit rythmée par l'amour, elle s'endort
elle s'endort sans avoir cherché à le faire, en recours,
elle s'endort tout en brave, tout en pétales, tout en pleurs,
le coude sagement replié au frein d'une lune
étale, au clair de cette chevelure de brune.
Tout en pudeur et tout en corps, toute d'âme, elle s'endort
(elle s'adonne au sommeil comme d'autres se donnent au mal)
sans même qu'elle le sache, sur son premier chagrin,
ayant pour compagnes ses craintes d'enfant, son cœur de femme
cet espoir élargi soudain au silence du matin :
tout en elle assoupie, ma jeune endormie rêve enfin.

LE SABLE ET LA MÉMOIRE

Pour Éliane

Il y avait là des bouquets ronds,
des fleurs molles et damnées
aux odeurs perfides, des couleurs
garées dans la nuit, des mensonges,
des erreurs sur des mots encore chauds.

C'était un lieu de rancune
où les souvenirs et les soies
s'irriguaient à la même source,
des soirs de vigueur où la lune
s'enhardit au point de blanchir le sol,

une chambre abandonnée au songe,
parfumée de blanc, sans rigueur et sans loi
où chantaient encore les vagues
entre le sable et la mémoire, riche
de l'œuvre toujours absente, et du vœu.

L'Étranger et la rose
(CME, 2003)

MARC PIÉTRI
(1937)

JARDINIER ET CHIEN

C'est loin d'être
le jardinier qui promène
son chien imperméable
Ce dernier, tirant sur sa laisse
courte, le maintient à la verticale
encore que légèrement oblique
lorsqu'ils contournent flaques et fondrières
sur les chemins de terre
les routes vicinales
quand ils ne longent pas des prés
à l'abandon, hirsutes
des sentiers ombragés d'ormes et de saules
d'où émanent, en automne, des fragrances de boucs
Il faut les voir !
Le chien est tendu comme un arc
Le jardinier n'est qu'une marionnette
(Ses vertèbres dorsales dysfonctionnent)
Qu'il pleuve ou vente, tous les matins
ou que le soleil perce
en lueur de lanterne d'écurie
ou en majesté de lampe d'ambiance
leur équipage est reconduit
Le chien n'a pas de pedigree
mais un cursus de jardinier
ayant opéré à Versailles
distingue son maître apparent
qui a planté, semé moult légumes et fleurs
taillé, repiqué, fumé, brûlé, cueilli et arraché
donné essor à des haies de buis et de troènes
À présent, de ses pas saccadés
(il y a en eux un flottement
sinon une franche claudication

comme s'il gravissait tantôt et dévalait ensuite
de petites vagues à fleur de terre)
il démontre à ses plantations actuelles
que lui aussi reste debout et solidaire d'elles
refusant l'horizontalité
la pâmoison et l'avachissement
à angle droit dans un fauteuil roulant
à défaut d'être comme elles enraciné
feuillu, couvert de partitions d'oiseaux
ou de traînées argentées de limaces.

YVES BROUSSARD
(1937)

DIRE VRAI

En bout de branche

l'oiseau
seul

Prêt à tout

à l'envol
à la chute
à la mort soudaine

Ainsi l'homme

quelque part
au bénéfice du doute

Proche de l'instinct

Tu fus cette étoile

blanche
au milieu de la nuit

pesante
aux instants
suprêmes

fragile
comme l'éternité

Ayant dominé
l'espace

il t'appartient
d'habiter
le temps

Gravité
du chant

Dans la percée
des abeilles

comme
au premier jour
du monde

l'homme
s'invente une histoire

qui le conduira
du cœur du tout

au cœur du
rien

Oubliés sur l'établi
le copeau ajouré

et l'insecte attentif

parcelles d'éternité

Dehors
un souffle neuf

pour le devenir

Bourdonnements d'insectes
au cœur de l'été
dans la transparence
des signes

Furtives
quelques ombres
hachurent les restes
du sentier

Sur ce monde introublé
noyau d'abîmes

le vide et le silence
composent
un infini mélange

et s'émiette
l'éternité

ANNE-MARIE DERÈSE

(1938, Belgique)

PROCESSION

Les bannières giflent le bleu.
Les hommes, lanterne au poing,
mangent la lumière.
Les vierges lancent
des pétales sanglants.
Les enfants sont des abeilles blanches.

Les femmes,
sous leurs paupières baissées,
caressent un pays de palmes.

ON NE VOUS DEMANDE PAS

On ne vous demande pas de comprendre,
on ne vous demande pas de juger,
de haïr,
de jeter l'anathème.
On ne vous demande pas
de dénombrer les morts.

On ne vous demande rien
qu'un peu d'indifférence.

FRANÇOIS MONTMANEIX
(1938)

CHATOIEMENT

Interroger les temps qui viennent
est un métier plein d'avenir
il n'y a qu'à lever la tête
vers les étoiles en fin de carrière
même si elles ne donnent plus
aux ravis aux amants aux poètes
çà et là qu'une ou deux images
qui ne changeront pas le cours du monde
on pourra toujours les dessiner
sur une feuille de papier
sans risquer d'y mettre le feu
quand scintille l'air dans le soir
pareil sous la clarté nocturne
à l'œil du chat qui brille
d'avoir appris à lire
dans le livre des derniers cris

UNE CHOUETTE

Les filles de Lesbos
ont le buste si droit
qu'on les croirait descendues d'un palmier
avec dans le sourire un fruit qui brûle
aux dents de la gerboise
échappée à la lance
et à l'effraie de la sage Athéna

c'est la nuit qu'en été l'horizon
rapproché par des mains
au-dessus d'un regard
viendra déposer sur le sable
leurs images de sel
dont l'amertume tiendra lieu
de compagne pour les marins
noyés parmi les solitudes
que la beauté a peuplées de départs

CARAKECH

Un jour plutôt la nuit
c'était au fin fond d'un bordel
à Caracas ou bien à Marrakech
– je ne me rappelle jamais
en quel côté de l'océan
ça se passa dedans ma tête –
j'ai tiré sur les dieux au hasard
jusqu'à ce que leur sang
coule dans mes artères
et puis d'un coup mais d'un coup de rasoir
destiné au fil de ma vie
je me suis fait jaillir
rien que pour moi pour moi tout seul
le dernier jour de ma naissance

GABRIELLE ALTHEN

(1939)

L'ÉTERNITÉ EST DANS LA COUR

Les preuves fatiguent la vérité
Georges Braque

L'homme a agrippé la femme
Et la femme murmure
« Ne t'écarte pas, nous tombons
Tu vois, c'est un voyage dans le vent de la chute
Et c'est si beau
Le vent s'enchante
Dans la maison trop claire qui tient sa paume ouverte
Comme une plaine
Sans turbulence malgré le vent »
Tous deux s'épousent et le moment ne tombe pas
La femme ne sait pas où ils vont
L'homme croit peut-être le savoir
Elle ferme simplement les yeux
Pour mieux sentir son cœur qui navigue vers lui
Et les vergers font des étoiles
On voit le vent qui s'énamoure
Et qui secoue les arbres fous
L'homme et la femme emportent pour repères
La satiété d'anciens châteaux du paysage
Qu'ils ont toujours connus arrimés dans le temps
« Ne t'écarte pas, nous tombons »
Nœud partageable fol appui
Le voyage et son point fixe
Et le moment ne tombe pas
Et c'est sans eux que le temps se décline

*

Toujours est incrédule la même plaie
La plaie de blé mêlé d'ivraie
Mode à l'impersonnel
Ocre terrible sur la rose du monde
La beauté se soutient et ne nous parle pas
Le temps mordille la peur et j'habite un devoir
Surgissement qui m'étreint et me chasse de moi
Tu ne voyais donc pas qu'aucun rempart ne divise le temps !
Tout se tient
Une guirlande bruisse
Le blé flambe à petits bruits d'insectes
Le blé flambe
Et ne me brûle pas
Qui ne suis plus en moi
Je ne sais pas qui je suis
Et j'habite un devoir
En attendant que la pure plaie de l'étendue
Sous sa broderie de feuilles et de temps libre
Tienne à l'étendue d'une parole
Où nous sachions entendre
Que nous tenons ensemble
Où tout se tient
– Dépêchons-nous déjà une guêpe vient
Sucer la cigale malade tombée vive sur le balcon

ALAIN LANCE
(1939)

DEUX BREFS DU VINGTIÈME

Calmez-vous mon doux professeur
Dit la femme aux seins nus qui renfile sa jupe
Fenêtre encore opaque
Dans l'âtre un feu s'éteint
Novembre mil neuf cent un
Ô matin du siècle
Vaccins gratte-ciel aéroplanes
Progrès fabuleux des massacres.

*

C'est le trois janvier deux mille
Quoi ? Encore le vingtième siècle.
Partir. Quelle est cette rage
La guerre, peut-être. Tout en panne
L'aube dans le soir se vautre.
Enfance, décombres, mort prochaine.

COURRIERS À UN POÈTE

Facteur, que les rumeurs d'une prochaine guerre
Ne t'empêchent pas de te rendre chez Claude Esteban
C'est dans le quatorzième, onze de la rue Daguerre
Que loge notre ami. Bush, Saddam, mêmes forbans !

*

D'un accent plus castillan que guatémaltèque
Claude Esteban, onze rue Daguerre à Paris
Quatorze, lit Quevedo dans sa bibliothèque
Où l'art et le texte heureusement s'apparient.

*

Quand il pleut, Claude Esteban met son duffle-coat
Pour quitter un instant le onze rue Daguerre,
Paris, quatorzième. Ce n'est pas une rue en côte
Et l'allée intérieure fleure bon le naguère.

*

À Paris, quatorzième, puisque Claude Esteban
S'est absenté à la recherche de cigarettes
Il manque, devant le onze rue Daguerre, un banc
Pour y bouquiner des mémoires d'anachorètes.

*

Monsieur Claude Esteban habite onze rue Daguerre
Dans le quatorzième, Paris. Est-ce assez lisible ?
Les criards Peaux-Rouges ne l'ont pas pris pour cible
Près de flots impassibles où nos cœurs naviguèrent.

BERNARD MAZO
(1939)

CETTE ABSENCE INFINIE AU CŒUR DES CHOSES

La seule liberté, le seul état de liberté
que j'ai éprouvé sans réserve, c'est dans
la poésie que je l'ai atteint, dans ses larmes
et dans l'éclat de quelques êtres
venus à moi de trois lointains, celui de
l'amour me multipliant.

René Char

1

Si je chante la douceur des choses
si je dis la douleur des jours
c'est uniquement pour ne pas trébucher
pour ne pas mourir...

2

Face à la beauté désespérée du monde
se taire, se taire obstinément...

3

... et je me consume en vain
au cœur du froid
dans cette combustion
sans fin
de la parole...

4

Car pour celui qui s'exile
dans le brouillard des mots
il n'y a pas

d'ailleurs
que le silence
de ses lèvres bâillonnées.

5

Quand la parole tout à coup se dérobe
que dire de l'oiseau touché en plein cœur
par la flèche acérée du soleil ?

6

Il va droit devant lui
vers la solitude des lointains
et seul le silence l'accompagne
dans le torrent impassible des jours.

7

Que nous sert le tremblement de la parole
son questionnement sans fin
lorsque tout se détache de nous et nous fuit ?

8

La voix
n'est pas la voix
seulement l'oreille du silence

la mémoire
qui chuchote
dans l'évidence du silence...

9

Dans le poème
ce n'est pas moi qui vous parle
dans le poème
ce n'est pas ma voix que vous entendez
mais ce qui me traverse et me maintient :
l'ombre désespérée de la beauté
cette absence infinie au cœur des choses.

Gassin, été 1999

JEAN-CLAUDE PIROTTE
(1939)

il y avait toujours des enfants
dans ce petit coin de vent triste
à l'ombre d'un talus très nu
surmonté d'un vieux mur oblique

restait le butoir d'une ancienne voie ferrée
où s'était garée la locomotive imaginaire
de l'enfance et le vent pensif et lent
tournait autour de son fantôme

aujourd'hui je suis revenu voir
si c'est toujours la même souffrance
légère et tendre de s'asseoir
au pied du talus quand le soir descend

je n'ai surpris qu'une petite fille elle danse
toute seule on ne l'attend nulle part
personne ne sait comment elle s'appelle
ni quel dieu lui fit don de ses ailes

je ne vais pas bien loin je retourne à mes ombres
que les miroirs du Nord blessent et défigurent
nous avons éprouvé la menace des rues
nous nous sommes tapis au bas des encoignures
mais nous n'avons pas dit le mot qu'il fallait taire
nous ignorons à quel miracle nous devons
cette grâce de survivre soudain venue
quelle honte nous empêchait quelle pudeur
nous le savons mais nous refusons d'avouer
qu'en nous s'obstine le bonheur à creuser comme
l'ergate forgeron l'énigme de l'aubier

La Boîte à musique
(La Table ronde, 2004)

DANIEL BIGA

(1940)

LE PARC (extraits d'un provisoire titre)

Faisan loyal marchant en mon jardin m'honore ta présence
tes pas prudents éveillant l'émotion : tu m'observes plus discrètement
que je ne le fais – pourtant attentif à ne pas t'effaroucher
que tu ne me prennes pour un chasseur d'oiseaux !
un assassin d'harmonie : il ne faudrait surtout pas
ni que ton cœur de volaille royale s'accélère indignement effrayé
ni que tu ne coures fol vainement pour échapper
aux fanfares aux éclats aux balles aux plombs
comme millions d'autres zanimauzumains pourchassés
sonnez tambours de paix du Burundi :
soyez zan tendus frères de transe : que vive l'Afrique

*

Ne cherchant pas à plaire
        je déplais
n'ayant pas lerche d'ambition
        on m'ignore
(peu m'importe la Société des Vaniteux ;
        aimant je suis zaimé)

comme je ne me mets pas en avant
        on me refoule en arrière
n'intimidant pas n'intriguant pas flattant guère
on me reconnaît peu
et ma compétence le vent l'emporte ;
        vive le vent !

*

Quand **le fracas des hommes** s'apaise
on entre dans l'autre terre (plus vraie peut-être ?)
celle où ce qui ne se voit pas chez les hommes

devient visible audible voire palpable a une odeur une existence
ainsi une feuille seule parmi des milliers se détache d'un chêne fait
[signe
un insecte soudain se mue ange d'annonciation
un souffle de vent dévoile quelque déité diurne (ou de nuit)

tout ici là sa place a espace permanence mouvement
ce gravier s'avoue dolmen ce roc Kilimandjaro deux flaques plus
[une mare Grands Lacs
et un sourire fugace (une mèche ondulée) devient notre amour du
[jour (ou d'une vie)
sûr: *« il y a un autre monde » (André Dhôtel)*
un murmure va citation parabole de sapience
tout bois arbre de justice où chacun enfin peut entendre son cardiaque
[organe
le *glups* ! d'un gardon sautant hors la rivière tiède
se transforme koan zen (qu'importe si le poisson s'étouffe dans ce
[bouillon oxydé)
loin du vacarme d'une armée de confusion
on saisit la pensée d'un(e) simple plante saule ou roseau

chutes de glands dans l'eau ou sur la rive sont seules mitrailles
cygne célibataire couple de canards brelan d'oies
quinte fauvettes une foulque fuse chuinte un choucas chant de chaman
circulent oiseaux de l'air et *« nul ne se soucie des hommes
qu'il soit arbre ou oiseau » (Sara Teasdale)*

mais parfois au nœud du volcan au centre de l'ouragan
mais parfois même dans le boucan des hommes
je peux trouver le silence de moi-même

*

Qu'est devenu **le petit peuple** des mansardes qu'escaladait l'escalier
[de service
mangeait fort rarement des truites à la mode de Quand
mais beaucoup plus souvent des raviolis-boîte Monoprix estampille
[Forza
s'arrosant largement au sous-picrate de soude

qu'est devenue Concon qui gueulait-jurait (Peau lisse Secours
[l'embarqua un jour qu'avec sa canne
elle chargeait les zautos : on ne l'a jamais revue par ici)
qu'est devenue l'infirmière sexagénaire corse emphysémateuse qui
[jusqu'au septième grimpait clope
au bec arrimée
qu'est devenu le vieux monsieur tête chenue qui humblement dit à
[Brigitte combien ô qu'elle lui
plaisait beaucoup !

qu'est devenu le petit peuple des campagnes le petit peuple des montagnes qu'avait si peu de picaillons la Girardot qui picorait avec ses poules pionçait dans la paille près de ses vaches qu'est devenu jardinier Mespièdre son bleu sa casquette sa musette son pied bot pas beau qu'est devenu Trastour paysan du Plateau et Perrimond qui bossait à la scierie Tante Berthe qui chiquait et crachait et sa sœur qui prisait qu'est devenu Lombert plouc de la Plaine Cagnard chauffeur de car Bellassis du bar-et-tabac et Rodolphe le cantonnier qui louait ses biscottos que sont devenus modestes sujets humbles personnes Gilberte la bonne-à-rien-faire du Docteur Mademoiselle Rorh la gouvernante du Curé Pompom le vaillant cheval Lady chienne fidèle et tant de bêtes fatiguées : *« ... maintenant et à l'heure de notre mort ainsi-soit-il »*

En cinquante ans j'ai vu mourir un monde
et nul ni rien ne remplacera ces types ces bonnes femmes ces bêtes ces êtres disparus leur façon d'être de faire de dire de rire pleurer hennir aboyer se taire fut unique et irremplaçable qu'est devenu le petit peuple des montagnes celui des campagnes – des baraques des masures des granges des terres sèches où venait un si petit blé et des prairies trop pentues...
qu'est devenu le petit peuple des soupentes en ville ?

et Carlo le berger qui gardait les brebis des zôtres Martin le fossoyeur – *Pauvre Martin pauvre misère* chantait Brassens – les petites gens zordinaires et zuniques je me souviens de tous ceux-là je me souviens de tout cela Titi le simplet Toto le clodo Bébert le manœuvre Mouloud l'Africain – digne pauvreté n'était pas misère – et le paternel son béret basque sa bécane sa carriole galère plus lourde que lui et Milou qui bégayait en bavant le garde-champêtre unijambiste et Mourré lui aussi tirait sa guibolle mais pas l'infatigable Augustin le facteur des quatre-chemins qui sifflait *« parce que ça lui donnait du courage... »* – beaucoup avaient multicolores rubans en boutonnière – Michel l'artisan son moignon de menuisier Janot le maçon aux muscles de béton sans oublier Monsieur Pierre le patron qui ne se payait plus depuis six mois pour ne pas débaucher son vieil ouvrier son jeune apprenti...

qu'est devenu le petit peuple qu'avait pas d'actions ni d'options :

sortie des artistes ? entrée des autistes !

CLAUDE PUJADE-RENAUD

(contemporaine)

Midi cisaillé de cigales
et la lumière en embuscade
ciel bleu de mort
ce bleu qui s'assombrit
à l'alambic du corps
vire au noir rauque
là où crépite l'angoisse
au rythme haché menu
d'insectes ivres fous

Un dieu barbare
a empierré le ciel
clair et fluide il y a peu

Nuages de basalte
pétrifiant le jour
lumière asphyxiée

Attente du vent
qui saura les desceller

Élire demeure
au cœur d'un nuage
se blottir là
s'endormir

Plus tard
en pluie fine
se disperser
disparaître

Juste devant moi
impérieux
l'oiseau strie l'espace

Capte mon regard
l'emporte au loin
vers l'autre rive

Ne me le rend pas

Instants, incertitudes
(CME, 2003)

JOSEPH-PAUL SCHNEIDER

(1940-1998)

EN CETTE STEPPE

I

Le temps qui nous bouscule
Réveille parfois sous la tente
Un barbare qui dort mal
Sur son lit de mousse synthétique

Même dans nos prairies pacifiées
Le galop des chevaux d'Asie
Soulève des vents de sables et d'étoiles

II

En cette steppe où tu t'éveilles
Tu apprivoises les constellations
Fruits de cette nocturne passion
Aux confins du sommeil et de l'écriture

L'aube qui se défroisse comme papier
N'inscrit jamais qu'interrogations d'une histoire
Que tu poursuivras le jour... chemin faisant

III

Le soir parfois autour des feux
Nous hurlons comme loups à la lune
Écriture de sable, écriture de vent
Nos voix se perdent dans la steppe

À l'aube froide nous plions déjà bagages
Poursuivant sur l'asphalte le gibier des rêves
Au bout de nos galops aveugles

Tout être porte sur son dos l'obscurité
et serre dans ses bras la lumière.
Lao-Tseu

Le temps sur sa pente. Nous n'irons plus au bois les lauriers sont coupés. En la profondeur les herbes s'effrangent et il me faut gagner l'automne qui efface les feuilles.

Aveugle frontière où me précèdent les champs de cendre. Il se fait tard sur la terre. Les yeux embués mais brillants du simple plaisir d'être, je murmure : « Un instant encore, monsieur le bourreau ! »

Au loin, dans le tendre balancement des lignes du paysage qui m'étreint, monte déjà, sans bruit, l'autre soleil...

En cette steppe
(CME, 1992)

JEAN-LUC STEINMETZ
(1940)

FINALES

I

Il y a ces choses qui se replient
ferment leurs ailes
la stricte déférence du mot « fin ».
On devine parfois les destins
à des lueurs mouvantes.
Ou bien la seule fêlure d'une vitre
dessine la toute dernière image.
Ceux qui vont de l'avant un jour ou l'autre se retournent
inquiets d'avoir oublié une page.
L'immobilité n'est-elle aussi passagère que la hâte ?
La gloire monte au ciel une fumée
que l'on s'empresse d'écarter
pour mieux voir l'épaule blanche au bas du cadre.

II

Sous l'automne reflet d'une vie
(non que l'automne jamais ressemble
à l'effacement d'un corps),
qui regarde ce clandestin
traversant les heures volubiles ?

À ce compte, j'aime durer indifférent
quoique rayé par les lanières
de l'inhumanité manifeste,
flagellé jusque dans mon refuge
que gardent, âmes fidèles, des cyclamens.

Il *aurait*, il *serait* dit le mode du si.
À quelles conditions vraies eût été meilleur,
les couleurs plus naturelles,
les mains plus douces en caresses ?

Chacun a recueilli sa part
– une tige d'herbe, une écharpe, une écharde
et le tout-venant
                    qui s'en va.
Mais il fallait couper court sans doute,
interrompre les vieilleries mendiantes
            pour s'élever d'un cran
vers un restant de soleil.

À moins que
            vers le bas, un peu plus de ténèbres
n'entraîne une autre vérité
prenant pour pli l'irrémédiable.

J'admire de loin
ceux qui d'un échec firent une couronne,
osèrent même avec violence
amener plus de bonté.
Et je manie parfois comme en rêve
les grands signes des hommes.
Ô Rimbaud voulant croire en la charité
tandis que grinçait la carriole
sous la bâche vernie percutée de pluie...

Alors qu'elle soit accordée, la rémission
dont tous n'avez que faire,
sauf moi parvenu à ce dernier détour
d'où bientôt je découvre
qui je pouvais être, quel prophète murmura
quel acharnement aggrava mes blessures.

Et toujours de toujours je retrouve
celui qui n'a pas avancé.
Dans ces limites qui sont miennes et vont jusqu'à mes ongles,
je n'ai pas plus de raison d'être
que le plus simple exemple
ayant pour nom « l'espèce humaine ».

DOMINIQUE GRANDMONT

(1941)

FOULE OUVERTE ASPHALTE

pour Patrick Trochou

Seraient chambres d'ami
avec idéal simple
foule ouverte asphalte
et théâtre hors scène
comme un oui dit trop vite

cris sur flot quand tu cours
bruits mous écrasés brume
une fois n'est jamais

vue du train me suffit
la compagnie d'un arbre
et joie du peu de jour
qui tombe sans changer

je dors vaincu même si
l'encre ne peut mentir

chiens camions fumées ces
dynasties de béton dans l'azur
les yeux barrés d'acier mémoire
qui renie la pensée

ni reflets sur canal ni pantins
disloqués sur quelle route
avons-nous demandé aux mots
d'en dire plus qu'ils ne disent
et l'aube pour patrie

quand moi aussi je donne
ce que j'ai pour payer
ce que je ne dois pas
quand parler n'est pas vivre

dépossédé du monde
je suis ce que je touche
au centre de l'oubli

ni moins fou que les autres
lorsque je prends le ciel
pour un miroir ma voix
se perd pour être libre

sur les chantiers je cherche
ce que tout veut dire

corps qui se parodient
trop tôt pour exister
ou trop loin pour courir
plus longtemps que leurs gestes

à qui les veut je lègue
tous mes papiers vestiges
de saison dépensière

ou maïs blonds sur gris
araignées qui scintillent
comme si la sueur tombait
d'un seul côté des choses

inconnus dont les pas
s'écrivent sur mon nom

et j'ai beau les rejoindre
n'est langue que brisée
vrai que ce qui commence
foyers éteints du pied

depuis que marcher creuse
un vide où chaque lettre
étreint ce qu'elle exclut

écho sans mur ni rêve
mais rien sous le soleil
ne peut être aussi grand
que l'espoir qui nous quitte

30 octobre 2003

MOHAMMED KHAIR-EDDINE

(1941-1995, Maroc)

Frénétiques, effrénés en l'ardoise accomplie
des déhiscences à l'intérieur des orchidées
et du brasillement des escarbilles sauteuses
dans le foudroiement des tectoniques à l'heure
où le colibri signe
un sépulcre nouveau
à même ton visage,

Les tétrodons ciguënt le Génie qui les gobe
en tes sacrées Cimméries ; flèche du Parthe
flamboyante, ici s'irise
un Ordre très ancien :
les ascidies, les astéries et les gamètes
pulsent la cruauté des malveillances,
ce fétiche intenté à l'assourdissement.

Mais voici le flot briseur
du brigantin démâté, le boucanier,
sabre taillant la chair, cinglant
le cocotier, cible du vrai désert !
Il assigne aux seigneuries
l'or brûlant des tempêtes. Ô Roue,
voici,
au milieu de ces déroutes,
les chats sacrés d'Abyssinie.

Hurlement de l'Hyène aux membrures crissantes
du tambour vêtu de la peau
de la lionne
arrêtée net aux intersections
des bolongs, patrie des démons et des goules.

Ici la mer invente
un Janus ; l'Éclair
façonne des chaînes

de positrons : Fétiches
de l'Ouragan.
Puisatier, tu vas, tu viens
en ce désert mouvant
ainsi qu'un sable dru soulevé jusqu'aux lunes
compliquées par l'Éclipse.

---

toutes les cliques cliquetèrent
en rêts, en craie, factionnaires ;
des cous gonflés de sang sautèrent
et des légionnaires
cueillirent
dans les ruisseaux de sang
la fleur
inexplicable ;
le soleil noir et bleu du rêve dérapant...

les Boxers éventrèrent
des mères, incendièrent,
saccagèrent
jusqu'au nid des hirondelles
aux ciseaux, Massaï ; ciseaux
semés d'éclairs,
ils récoltèrent
des tonnerres
à l'infini
– épreuve
amère !...
et quand advint un autre orage,
les cliquetis cessèrent
si lamentablement
que perdura l'œil fauve du cyclone ;

tous les œufs ovipares
résumèrent

cette Calamité :
il n'y eut plus de détonation,
mais un vaste et sinistre gyromitre,
Bombe des mésententes gavées
De haines millénaires...

Hiroshima ! Nagasaki,
ignorant les printemps de peuples,
l'être-ici, en toi, terre
flagellée par le Néant,
par les doutes et les redoutes...

ils nous décrirent le jaspe,
l'aiguière, la vasque, le jade,
le rossignol, la rose,
le luth, la cithare et tous les violons
compulsés par mes doigts ;

ils nous firent mirer, mirage après mirage,
des paradis sans clefs,
où danseraient des ellipses
et des pucelles suivant l'accord des xylophones
décanté par la voix magnétique d'un diable...

ils durent lapider même le diamant
en l'éclair calme, apprivoisé...

ils obscurcirent à l'antimoine
cette psychose irrégulière qui tremble,
solaire, couronnée,
jusqu'au tréfonds des quarks,
en des clartés sauriennes phosphorescentes
d'alizés – splendeur des germinations
tirées d'araires, de tractions,

c'est le sillon de la nuit fleurie à même
ton corps, Poète debout à l'angle des rues
coupe-gorge,
inapprochable peintre des vents

de la mémoire ;
factionnaire, voici
l'entraille travaillée où l'enfant grave
avec des stylets acérés le chiffre
fatidique, insaisissable, inaccessible autant
que le miroir-braille du Temps ;

Être appliqué, sans doute n'eus-tu dans ces
miroitements qu'à traverser le gué, au petit
jour lorsque les cuirs craquent sur le cadastre
erratique, livrant aux formules et aux exercices
l'Écrit comparse des terreurs...

tu es toi-même ce temps, brigadier prenant en
compte tous les éclairements ; tu refais surface
à l'extrême des existences décomposées sans
vraie coupure, léger comme une éclipse et peut-être
criminel... Va-t'en ! il n'est ici pour toi
aucune image digne de l'exploit des ténèbres
feutrées, ni arme qui défasse les maillons de
cette fausseté. Tu dis : « Je suis le Seul Entendement »,
et tu portes un coup bas au misérable nuage,
brûlant ainsi des étapes mais aimant
à te réfugier en l'oubli carré du Soleil et des glèbes.
Concasseur debout sur des parpaings et sur tes cils,
Sur la cécité du monde,
Tu écris ton propre autodafé.

Mémorial
(CME, 1991)

DANIEL LEUWERS

(contemporain)

LA POÉSIE SANS VOIX

1

Je suis coupé en deux
sans qu'on le voie

Derrière les grilles
la réunion mondaine
et l'arrogant triomphe
des champions du scalpel

Coupé en deux
de mon vivant

Tel un buste
dans le couloir
du Grand Hôtel

Mon cri
est ce filet de sang
qui exhale de ma gorge

2

Au sortir de la Cappella San Aquilino
elle m'affirme détester
l'écriture du moi

« Tu fais de la poésie, toi ? »

Dans la fureur
Je m en vais
seul
par les rues
sous un prétexte très personnel

3

Je quitte Milan
par la gare
fort monumentale

Je songe au Palazzo désert

Les voitures ont emporté les malles

Le lac fait aujourd'hui
le deuil du fleuve

4

Pourquoi me donna-t-elle sa bouche
à l'embouchure secrète
où le fleuve s'engouffre ?

5

L'assaillir
c'était franchir la frontière
où tout s'éclaire
dans l'élan lisse
des conjonctions impromptues

6

Sel mêlé
de salives très intimes
ses lèvres brillaient
sous le ciel endormi

7

Corps leste
où appuyer
le plomb de l'âge
dilué en espace

ABDELLATIF LAÂBI
(1942, Maroc)

RUSES DE VIVANT

Ce bout de route devant moi
plus proche de la nuit
la vraie, la véridique
l'incontournable
Je ralentis le pas
Je fais semblant
d'admirer le paysage
Ruse de vivant

J'y crois et n'y crois pas
L'arrêt en si bon chemin
quand la lumière enfin
est en visite
pas au chevet
mais au berceau de l'être

Faire provision de cette lumière
la porter à la bouche de l'enfance
de l'adolescence, de l'âge mûr
En garder un peu

pour l'instant où les yeux
bêtement ouverts
seront refermés par la plus douce
des mains amies

Je me dis qu'il faut être prévoyant
Je ferai donc à temps
mon humble valise
Un ou deux livres
mon numéro matricule
le foulard jaune

de la prophétesse de mes jours
une fiole des senteurs de Fès
un zeste d'orange amère
un caillou ramassé à Jérusalem
et ce que l'aimée à mon insu
y aura glissé

Cela dit
c'est de persister qu'il s'agit
Ne pas oublier
le feuillage ayant cette vertu
les astres inexplorés
qui naviguent à vue
sur les flots de l'éternité
Protéger de ses poèmes nus
la flamme de la petite bougie
Supporter la brûlure de ses larmes
et savoir à temps
la passer au suivant

Brûler de l'intérieur
ou sur un bûcher
L'offrande est la même
même s'il y a questions
et Question

Dépêchons !
La vie n'attend pas

Même innocents du sang de notre prochain
il nous arrive de tuer la vie en nous
Plusieurs fois plutôt qu'une

Le voile
qui nous recouvre les yeux et le cœur
Les barricades que nous dressons
autour du corps suspect
La lame froide
que nous opposons au désir

Les mots que nous achetons et vendons
au marché florissant du mensonge
Les visions
que nous étouffons dans le berceau
La sainte folie
que nous enfermons derrière les barreaux

La panique que nous inspirent les hérésies
La surdité élevée au rang d'art consommé
La religion largement partagée
de l'indifférence

Bien des messagers
frapperont encore à notre porte
Y aura-t-il quelqu'un
dans la maison ?

Dites-moi
vers quel néant
coule le fleuve de la vie
C'est quand la dernière fois
que vous vous y êtes baignés ?

WERNER LAMBERSY

(1942, Belgique)

L'ANTIPHONAIRE D'ORPHÉE (extraits)

Ah devenir l'ancien de soi-même
C'est parler
Bernard Noël

Les dieux sont lourds
Giono

Le chant s'était tu
Ou quelque chose dans le chant
On ne sait pas
Quelque chose
Qui n'avait plus sa place
Et faisait du silence
Une paupière sur une absence d'œil

C'était sans importance
Pour le commerce ou les rapports
De forces
C'était sans importance
Dites-vous bien qu'on pouvait
S'en passer : la parole sans miracle
Avait encore de beaux jours

Sauf chez quelques-uns peut-être
Pour qui les mots
Restaient insupportablement vides
Et l'âme
La partie la plus fine du corps
Comme un drapeau
Qu'on avait oublié au balcon

Sauf peut-être pour quelques-uns
Plus mal en point
Dans le grand lit des solitudes
Où le cœur
Est une goutte de mercure
Ou de la gomme de résine
Lentement sur l'écorce d'un tronc

Et l'univers qu'on croit indifférent
Parce qu'il est loin
Alors qu'on est dedans
L'univers qu'on croit connaître
Parce qu'on y est né
Alors qu'on sait si peu de soi
Et du silence en soi

L'univers attendait sans rien dire
Car le chant s'était tu
Ou quelque chose dans le chant
On ne sait pas
Mais quelques-uns pensaient
À ces oiseaux qu'un seul hiver
Rendait muets pour toujours

C'était sans importance
On écrirait là-dessus
Comme sur le reste et cela suffit
Sauf peut-être pour certains
Qui eux non plus ne savaient plus
Et restaient sans rien dire
Lorsque le chant ne chantait pas

L'univers attendait
La voix qui entrerait en lui
Comme la lumière dans un fruit
Ou l'eau
Dans le pis des racines
Et comme de l'air
Dans les poumons d'un nouveau-né

L'univers attendait
Le rêveur d'interdits l'ignorant
Des barbelés de la peur
Autour des camps de prisonniers
Du verbe
Et cette folie entre deux corps
Encordés par leurs souffles

L'univers attendait
Que sorte et se montre pour danser
Celui qu'on ne voit pas
Qu'il hurle et insulte
Le soleil des certitudes
Car les anciens l'avaient dit :
Il sera votre bourreau

Et c'est aussi difficile à croire
Que de se couper les ongles
Avec la main gauche
Ou d'accepter l'idée
Que rire déplaît aux dieux
Et que le temps
N'est pas une science exacte

C'était sans importance
Mais cela avait quelque chose
À voir avec la violence de l'argent
Et le viol publicitaire des consciences
Car ceux-là pensaient
Que l'air est une chose respirable
Plusieurs fois d'affilée

YVES MABIN CHENNEVIÈRE

(1942)

TOMBEAU POUR L'ULTIME SURVIVANT

Lasse de son exil volontaire,
de sa mélancolie exclusive,
la mémoire libère les mots,
les silences et les réticences,
les appels, les plaintes et les cris,
les sourires et les éclats de rire,
les murmures, les indiscrets aveux,
les promesses et les engagements,
les secrets et les chuchotements,
les oublis et les réminiscences,
le dédain, les distances gardées,
l'oraison et la méditation,
le doute et la confiance myope,
l'inquiétude, l'angoisse amère,
la compassion, l'appel du regard,
le geste lent de l'aveugle ému,
les larmes muettes de l'enfant seul,
l'humiliation du pauvre sans nom,
le mutisme du prince exilé,
la tristesse du maître éconduit,
l'insolence de l'athlète vainqueur,
la défaite de l'idole à terre,
la colère et les emportements,
le refus, l'opposition armée,
la vanité des luttes civiles,
la déroute du fuyard honteux,
le déshonneur du lâche inhabile,
l'émotion des éloges tremblants,
l'admiration du disciple épris,
l'impatience du survivant inquiet,
l'adhésion du sceptique assouvi,
l'ordinaire expression du médiocre,

la hargne du perdant désigné,
l'ascension du stratège ambitieux,
les lèvres chaudes et les langues douces,
les sexes mâles, les sexes femelles,
les ventres, les épaules offertes,
la hâte, la fuite, la panique,
le message et le déguisement,
la trahison et la désertion,
la guerre, la trêve, la rançon,
le viol, l'oppression, la soumission,
la faiblesse du banal ordinaire,
les épaves et les cadavres nus,
la pitié, la commisération,
la bienveillance et le geste noble,
le deuil et les larmes partagées,
le doute, l'indétermination,
l'inquiétude, la peur, la terreur,
l'acquiescement, le consentement,
l'adoption, le parti pris conscient,
l'avarie et la dévastation,
le cachot, la prison, la torture,
le faux témoin, la preuve factice,
le calcul du juge débonnaire,
l'ambition du magistrat intègre,
le mensonge du prélat sincère,
le crime du retrait paisible,
le mutisme de l'enfant violé,
le dédain du prophète moqué,
l'indifférence du fils bafoué,
la distraction du sage ignoré,
la flétrissure et la perversion,
la négligence et le manquement,
l'aigreur et la fermentation,
la rouille et la décomposition,
le faisandé, le croupissement,
la purulence et la moisissure,
la charogne, le putride cadavre,
l'os décharné, les restes et les cendres,
l'impure pensée du pur exemple,

l'indécence des obscènes injures,
la voix reine du soliste élu,
le jeu vif du virtuose inspiré,
le concept du philosophe hilare,
l'amertume du poète errant,
l'émotion de l'auditeur transi,
la dévotion du disciple ami,
la colère de l'otage oublié,
l'oubli du confident corrompu,
la haine du dévot humilié,
l'intolérance de l'humaniste,
la mollesse de l'évidence aigre,
l'exposé falsifié des vérités premières,
le combat des ennemis fictifs,
le ballet ridicule des lutteurs dans l'ombre,
les héros déterreurs d'artifice,
les combattants anciens aux nostalgies amères,
les veuves aux déplorations codées,
les orphelins en deuil exigeant leurs pensions,
les victimes sevrées de protection,
les blessés survivant à l'opprobre,
les infirmes riant de leurs jambes coupées,
les fervents des idoles utiles,
les doux adorateurs des messages funestes,
les marchands de vaines illusions,
les négociateurs nés d'armistices falsifiés,
les profiteurs des batailles perdues,
les nécrophiles acteurs des épopées défuntes,
les spectres des confidents de l'ombre,
le survivant ultime aux rêves effacés.

2002

JEAN-MARC NATEL

(1942)

DIOGÈNE

S'il revenait encore promener sa lanterne
Dans notre tourbe planétaire
Comme par le passé ne trouverait personne

Et s'il trouvait un homme
Ce ne serait que son cadavre
Parce qu'on l'aurait assassiné

ANTICIPATION

Je songe au sourire
De ma future tête de mort

Et je souris jaune...

DEVANT UN BERCEAU

Le premier des cercueils est un ventre de femme
Nous donnant une vie siamoise de la mort
Et c'est en vain souvent que s'épuise notre âme
Cherchant à s'envoler de sa geôle de chair

RICHARD ROGNET

(1942)

1

Tu t'assieds avec moi sur un banc de la gare, muets
nous regardons les montagnes où le soir glisse
et choisit de venir à nous comme une onde légère,
nous prononçons en nous, seulement en nous,
les mots qu'il faudrait dire
et qui nous font vivre, même si nous savons
qu'ils creusent encore plus fort l'absence
qui prend corps entre nous, tandis que résonne
dans la bousculade des ferrailles remuées
la voix précise des ouvriers qui chargent
bennes et camions, et qui de temps en temps,
pour s'amuser, chahutent, s'esclaffent, parlent
pour ne rien dire, pour tout dire plutôt,
si j'en crois les vaines questions qui m'oppriment
et qui certainement t'oppriment aussi.

Qui s'éloigne en nous dans cette lumière qui baisse ?
Qui de toi met bon ordre à ce qui m'échappe ?
Qui en moi se replie comme un regard abattu ?
La vie a beau vibrer autour de nous,
les bruits qui nous parviennent nourrissent la distance
qui s'impose entre nous, alors que tes doigts nerveux
cherchent à passer sur ma main
et qu'un moineau sautille
autour du banc, piquant miettes de pain
et miettes de souvenirs, piquant toutes les miettes
que d'autres voyageurs, comme nous,
ont laissé choir de leur reflet.

Les montagnes entreront bientôt dans la nuit,
les trains seront partis, personne pour rester
et caresser le vide qui nous sépare, personne
pour sourire, personne qui dirait bonsoir simplement,

laissant ce mot se blottir entre nous,
personne, non, personne, juste le grincement
d'un fil de grue qui se balance, juste le choc
de nos deux silences dans l'épaisseur de l'obscurité.

2

Tu t'es levé de bon matin, un léger vent
bousculait les brumes, ta maison engourdie
et les dernières fleurs essoufflées autour d'elle
ne t'ont pas retenu, il fallait que tu partes,
que tu empruntes le chemin qui monte dans la forêt,
que tu délivres ton cœur des pesanteurs de la nuit,
que tu jettes autour de toi, sur les feuilles tombées,
tes rêves inachevés, tes plaintes inutiles,
tes souvenirs encombrants, tes paroles éculées,
il fallait que ton souffle éclaire tes pensées
et se mêle à celui des branches et des troncs,
il fallait que le vent gravisse avec toi les rochers
qui surplombent la vallée, le village, l'église,
le cimetière où tu localisas dans une fête de chrysanthèmes
la tombe où tu te voyais nettement près de ton père, os
et poils enchevêtrés, barbe et cheveux accrochés
au silence épais du cercueil.

Tu es resté longtemps là-haut avec la figure
de la mort tantôt noire, tantôt blanche,
tu ne craignais rien, les arbres te protégeaient
même étourdis en ces jours de novembre,
les couleurs automnales comme autant de sourires,
de mystères désirés, de palpables douceurs,
s'élevaient contre toi, te frôlaient,
pénétraient dans ton corps où tu sentais ton sang
couler avec exactitude dans celui de ton père.

Tu es prêt maintenant à revenir chez toi
sans la lourdeur de ton ombre demeurée en arrière,
sans raison particulière de vivre, sans vouloir
à tout prix donner à ton visage

l'expression convenue d'un bonjour superflu,
sans t'étonner des flammes inquiètes
qui effeuillent tes jours et tes faux souvenirs,
tu es prêt à lever les voiles quotidiens,
à ne rien percevoir sous eux, qui te rassurerait.

Tu es prêt à porter sur le granit, sur ton père
les deux bouquets de bruyère rose
qu'hier tu avais achetés par principe, par habitude,
ignorant que le paysage, montagne, forêt, rivière,
devait participer à cette offrande rituelle.

JEAN-PIERRE VERHEGGEN

(1942, Belgique)

TRISTAN ET SON VIEUX

C'est que tout le monde vieillit. Prosper Périmé aussi. Le Barbon de Séville ou celui d'Aurevilly. Tout le monde i décatiti, comme dit la vioque populi. Le Docteur Schnock à KremlinAncêtre ou Perros à Douarmenez sur sa moto douairière ! La terre entière. Depuis le Vétéran de Birb-Hakeim jusqu'au p'tit gars d'Sénilmontant ! Les femmes également ! Voyez telle princesse héritière et son prémonitoire chapeau de Reine d'Angleterre ou telle ancienne maîtresse de James Moribond, l'agent 00 Sieste, fêter précocement son centième anniversaire ! Ah ! tout passe à une sacrée vitesse ! Baderne Powell ou Maître Eckarte de Vermeil ! Tout l'monde pareil ! La Vétuste de Milo (croulant autrefois, à tour de bras, sous les bravos) ou Pépé le Moka, l'insatiable amateur de petits gâteux ! Sans oublier Tristan et son Vieux (après avoir viré sa cuti, il a enfin viré Yseult).

Un jour ou l'autre, tout l'monde est hors jeu ! L'aïeul, l'aïilette et l'aïitout ! Tout l'monde tombe dans l'trou !

MONSIEUR PANURGE

Pourtant ça pas n'urge ! Ça pas n'urge ! Rien ne presse ! Y compris dans le monde scientifique où – c'est d'un triste ! –, ça pas nique de moins en moins lubrique ! Tous les moutons de la Révolution génétique vous le diront ! Le bélier reproducteur n'a-t-il pas vu ses boules réduites au rang de simple boulier compteur et l'agneau se retirer de l'agnelle au profit de la gnôle du vétérinaire qui le fait ressembler trait pour trait à sa mère ? Ah ! pauvre Doly !

Pauvre brebis à peine just married et qui n'éprouve déjà plus d'autre plaisir que d'éprouvette ! Ah ! pauvres bêtes ! Qu'on cesse donc de leur confisquer leur quéquette, leur beefsteak, leurs yeux, leur tête ! Qu'on arrête ! Y a pas l'feu, merde !

PIERRE DE COURBATURE

L'essentiel c'est de ne pas participer, comme disait Pierre de Courbature après s'être chopé un sérieux tour de reins dans le 100 mètres luxure à quatre mains ! C'est comme Simbad le Marin, dans le Prix Eugène Boudin, pourquoi voulait-on qu'il batte à plate couture le record de l'heure en barquette entre Honfleur et Enflure si c'est pour se payer une double contracture aux biceps ? C'est trop bête et c'est beaucoup trop dur ! Y a franchement mieux comme sagesse ! À la méthode Coué, préférez la méthode couette ! Rêvez planqués sous vos couvertures. C'est plus sûr ! Ou alors faites comme Monsieur de Sénature ! Usez de lenteur ! Abusez même de lenture ! Surtout en littérature ! Écrivez votre Ralentie à du 12 allure ! Soyez votre propre Henry Michaux (avec un « y » pour vous distinguer de l'autre poète). À moins que vous ne préfériez faire disparaître toute signature ? Effacer tous signaux ? Prenez-vous dès lors au mot. Signez deleatur ! Sauf à vouloir absolument qu'on vous rassure en vous appelant, petit finaud : Delearthur !

Déléarthur Rimbaud.

On n'est pas sérieux quand on a 17 ans
(L'arbalète, Gallimard, 2001)

FRANÇOIS DOMINIQUE

(1943)

Une maison, une chambre, les draps trempés de sueur : vastes fantômes de choses désertées par quelqu'un.

Au ciel ! au ciel ! comme on dirait « au lit » à l'enfant qui tarde à se coucher.

La poussière, le vent, la nuit sont mangés par la nymphe Écho devenue sourde ; Écho dont la bouche ouverte ne profère aucun son.

Dans ce petit corps sans vie la lumière pénétrait par le centre de l'œil et vous revenait sous forme de regard.

Enfants, poussières, échos : la langue n'y voit goutte en plein jour. Mais elle convoque dans le noir de multiples regards qu'elle fera passer dans le vôtre.

Toute chiffonnée mais vaste comme une page sans bord, voici dans l'ombre la terre labourée, fumante, givrée.

Sur toute la surface, à perte de vue, on voit de minuscules édifices de paille et de brindilles dans un treillis de fils de la vierge, de rayons et de rosée.

Mais aucun monde, jamais, ne sera tissé de mots et de phrases.

Un autre monde, sans ombre portée, sans double, s'élève dans tes mots ; il n'a pas encore de nom.

A wonderful day
(Le Temps qu'il fait, 2003)

GILLES SICARD

(1943)

« LE JEUNE MENDIANT » [1]

Au nu du matin
n'être qu'une main tendue
    ce geste à peine
    immobile
au nu de l'après-midi
au nu du soir
n'être que par l'attente
du frôlement
parfois lâchant sa pièce
            sursis d'un jour
            d'attente
au nu de la mémoire
non-main du cœur et de l'esprit dans l'élan du monde
main absurde
non-main de la vie construisant la vie
main de rien
pour rien
au nu de l'avenir

Reculer dans l'ombre ma semblable
se fondre enfin

Ce vent doux
        voudrait laisser croire

---

1. D'après Murillo.

QUELLE GRÂCE

Les choses du matin se découvrant
s'accueillent
Tu viens
le jour change de clair
je donne à sa couleur ton nom

Ta paix monte vers nous

Sur la courbe de ton rêve là-haut
s'arrête le nuage blond

Le silence du ciel
grandit
plus près de la terre
s'épure

ton silence

De quelle grâce
entre école et ruisseau
de quelle clairière perdue
reviennent ces secondes ?

flocons de neige sur mes mains

Cette Douceur
si proche
va retrouver sa promesse

ses yeux s'ouvrent

FRÉDÉRIC MUSSO

(contemporain)

« Oui, c'est au coin du feu qu'il faut en parler, écrivait Xénophane de Colophon il y a 2546 ans, après avoir été chassé d'Asie Mineure par les Perses. Au cœur de l'hiver, sur un bon lit, après un bon dîner, avec du vin doux et des pois chiches grillés. C'est alors qu'on peut dire : "Qui es-tu ? D'où viens-tu ? Et quel âge avais-tu quand le Mède arriva ?"» Aujourd'hui, des vieux murmurent dans des rades à l'enseigne du « Djurdura », en buvant du vin natal. « Quel âge avais-tu en 1962 ? » Et leurs doigts remuent dans les tramousses qu'on vend sur les marchés métropolitains sous le nom de graines de lupin.

L'ivresse enveloppe, main habile au secret. Des corps se débattent dans la lumière qui monte des faubourgs. Des robes tournoient. Occultation des ombres. Les visages se penchent sous les lampadaires. On croise d'inoubliables sourires. La chair à blanc, juste séparée de ce qui brûle. Les gestes crevassés.

Ployer une plume – une Rötring 18 carats – sur la fleur d'une peau. Un peu d'or à la torture afin de modifier l'angle d'attaque. Retour au papier, à la rectitude d'origine. Douceur acide, timidité dans les pleins. Trace aérée par la contagion des boucles. Et cette encre d'entre deux encres, rouée, stable. Une belle italienne anthracite, additionnée d'alcool pharmaceutique pour qu'elle pâlisse un peu plus. Du crayon qui ne s'efface pas. Du gris à 23°, fuligineux comme la mémoire des inciviques.

L'étrangère venait le soir sur la plage. Un cercle de jeunes hommes chantait sa beauté. La fumée des cigarettes s'élevait comme une pensée héroïque dans la frairie des commencements. Celle dont le nom prononcé bas ressemble à une rumeur souriait à l'enfant chasseur de mouches – le *puer*[1] qui *abige* les *muscas* de la grammaire latine – et qui, loin des chiures savantes, se tenait droit dans la douceur de s'arracher à l'Évangile, aux petits oiseaux, aux ouvriers de la dernière heure.

1. *Puer, abige muscas*, enfant (esclave), chasse les mouches. Exemple de la « Grammaire latine complète » de H. Petitmangin, qui fut en usage dans les collèges de Jésuites : « L'ordre et la défense s'expriment par l'impératif à la deuxième personne et par le subjonctif présent aux deux autres. »

TRISTAN CABRAL
(1944)

REQUIESCAT IN PACE

Amis,
si je n'ai pas la chance de tomber contre un mur
ou assis au soleil en regardant la mer
si je ne meurs d'un meurtre
ou d'un éblouissement
si ma corde du cœur tarde un peu à casser
et s'il faut me conduire dans un mouroir public
retenez simplement ces derniers mots d'amour :

quand je commencerai à n'être plus qu'un corps
ne vous inquiétez pas et laissez-moi partir
j'ai depuis très longtemps tout ce qu'il faut sur moi
ou quelqu'un m'aimera assez pour me finir
mais qu'on attende un peu avant de m'enterrer
je demande seulement qu'on me veille trois jours
si possible couché dans le fond d'une barque
ou sur la pierre blanche d'une jeune montagne

à ceux qui m'ont aimé
je demande seulement
de se tenir
autour de moi
les mains...
qu'on glisse entre mes doigts
une immortelle d'Aran
et des œillets de mer
je demande pour finir qu'on allume des lampes
comme celles qui se balancent sur les vagues
et qu'on ne les éteigne qu'au soir du troisième jour
le temps que mes yeux neufs
s'habituent à la nuit

le temps
que doucement j'arrive
à mon premier séjour...

La Messe en mort
(CME, 1999)

---

j'ai vu les Immortels

ivres de neige
et de nos champs de mines

ils versaient sur le monde
mille années de famine

je les ai vus à Agapia
et je les ai suivis
jusqu'à Sarajevo

derrière eux
j'effaçais
toutes les traces
de sang
et de poursuite

L'Enfant de guerre
(CME, 2002)

ANDRÉ VELTER

(1945)

CE N'EST PAS POUR CE MONDE-CI

sur les portraits d'Artaud et de Van Gogh
dessinés par Ernest Pignon-Ernest

Il est des êtres troués,
troués par tout le corps
du fond des yeux au fond des os
et par un cri plus grand
que leur bouche écorchée,

ils ont sur le visage
tous les ravages du monde,
des tertres fracassés
des ravins où s'enlisent les pires solitudes
un effroi qui ne sait à quelle peur se vouer.

Le ciel un jour
leur est passé dans le sang
avec ce goût d'absolu incurable
que nulle couleur n'efface
qu'aucun chant ne peut adoucir,

en manque de sacrifice
ils campent sur une rive cruelle
qui les met au désespoir
d'un temps trop plombé
d'un espace en agonie,

pantelants altérés démunis triomphants
le masque heurté sous la peau
le regard essoufflé
ils mènent infiniment une chasse au trésor
dans des ruines sans fin

et ne savent qu'inventer des dieux fauves.

Les voilà vivants et déjà suicidés
lucides et déjà fous
en exil et toujours captifs,
un rapace terrifié se lève sur leur face
sans prendre son envol,

ce qu'ils voient ne se voit pas
ou seulement dans l'ivresse d'une nuit féroce,
ce qu'ils clament cogne aux tympans
frappe au ventre aux vertèbres aux nerfs
plus qu'à l'oreille ou au cœur,

prophéties convulsives
suffocations en pâte de volcan,
les âmes ne sont pour eux qu'échardes arrachées
à la croix de lumière que tiendrait
le Grand Guérisseur Céleste,

celui qui se nomme aussi
Guérisseur de l'Infini
mais n'en reste pas moins mirage de mirage
trace perdue et promesse oubliée
d'un horizon secourable.

À leur usage la vie
ce serait d'en finir
avec cet homme mis à bas de naissance,
en finir avec l'âge de l'incarnation
règne impur règne torturant

d'une chair indigne du soleil.

EN VUE SOUDAIN

Toi qui n'as pas régné sur Bactres
ni le cœur de Roxane,
toi qui n'as pas vu miroiter les enfers
au-delà de l'Amou Daria,
toi qui n'es pas mort d'une piqûre de rose
à l'ombre des jardins de Babylone,
tu ne crains pas d'essuyer sur ton front
une poussière d'épopée
avec dans le sang le désir féroce
de trouer la peau de chagrin de ce monde.

Vois comme tes paroles,
débordantes parfois ironiques toujours,
n'entendent pas désespérer Nichapour
ni les rêves levés au *Cabaret de l'éphémère*,
elles gardent en elles cette ivresse éternelle,
ce grand remuement d'âmes
dans la danse des atomes et des âges
qui ne promet rien ou peut-être rien
que la migration à nouveau jusqu'à toi
d'un seul et même corps de lumière.

Pour qui a voyagé
couvert du manteau bleu des fées,
pour qui a compté les étoiles
aux ciels de bouches trop joyeuses,
pour qui a reconnu le soleil et l'été
jusqu'en la cendre enclose,
il n'est de passage qu'aux horizons perdus
aux cimes hors d'atteinte
où le souffle s'exténue et renaît
en vue soudain de quoi...

– Allons, est-ce encore
l'absolu ?
– En as-tu encore
la force ?

SYLVESTRE CLANCIER
(1946)

LUMIÈRES (extraits)

Je vous demanderais la couleur du temps
les clés   le jasmin   la craie
la croisée des chemins.
Vous vous tairiez.

Peut-être seriez-vous morte
l'an prochain ?

Enfant je resterais   indéfiniment
dans l'attente du deuil.

Ces êtres aimés aux visages altérés par l'oubli
ces frôlements d'ailes, froissements de tissus
ces souvenirs d'été, ces impressions d'antan
où sont-ils ?
Ont-ils jamais existé ?
Tu voudrais remonter le temps
revenir à l'instant où tu savais déjà
qu'un jour ils ne seraient plus là.

Pourquoi cette attente au visage incertain
le sentiment de ne savoir pas dire
la joie souveraine de l'enfant qui sait

le bonheur silencieux de celle qui lit
le langage secret
beau complice de l'ange ?

Voudrais-tu compter les minutes de bonheur bleu
depuis l'enfance à cet instant
tu t'arrêterais soudain
voulant oublier
quand tu aurais donné ta vie pour elles
qu'à peine une heure les contient.

De l'autre côté de la nuit,
il y a cette présence et ce silence
espérés,
de ce côté, l'attente
et cette lancinante question.

De l'autre côté du jour,
il y a les chimères de la vie,
une ferveur inassouvie,
de ce côté, l'interminable fuite
des jours et des nuits.

GUY GOFFETTE

(1947, Belgique)

AUX LISIÈRES

I

Nous avons longtemps cru qu'il nous suffisait
d'allonger le bras pour toucher le ciel
et tenir en laisse le vieil horizon

si longtemps qu'en nous le geste demeure
à la vue d'une femme à l'aube surprise
lavant dans ses larmes le jour et la nuit

que plus rien ne reste à la fin que l'ombre
pour raser de frais au fil de l'amour
nos corps effondrés dans la chambre avec

le ciel comme un bas sur le parquet nu.

II

Amour, disais-tu. J'entendais lisières
genêts, passerelles. Tes yeux résistaient.
Ce n'était pourtant qu'un seuil à franchir.

Déborder le corps et qu'amour soit d'eau
vive, non comme ici lac où tournent tournent
poissons et noyés, le ciel, les nuages

les belles promesses. Reste, disais-tu.
Je voyais mourir les hommes aux barrières
battre comme un bleu crevé par l'orage

leurs bras affolés leurs ailes d'Icare.

LE CHIFFRE

Qu'est-ce qui te retient encore ici
dans l'air humide et dans le vent
qui renfrogne les lilas ? Est-ce
la maison où tu touchas dans l'ombre

des corps de pierre et fis jaillir des larmes ?
Ou le sentier entre les ronces que tes pas
ont laissé se perdre dans la fatigue
comme un vieux désir, une enfance abandonnée

au bord de l'étang, et qui continue seule
à tenir près du ciel le registre des morts ?
– et tu voudrais encore pencher ton front
sur ses épaules frêles avant de lire

le dernier chiffre de tes jours parmi les herbes.

L'ADIEU

Tu peux bien prendre la mer par les cheveux
et la secouer comme un vieux tapis, endormir
tout une forêt rien qu'en la regardant droit
dans les yeux, attacher

le vent au bout d'une ficelle et le mener
à la baguette, c'est facile, à peine
un jeu d'enfant dans la chambre des mots,
et l'univers dans sa poche n'est plus

qu'une bille de verre, mais effacer
une lettre, une seule, du cri qu'elle a poussé

quand, brûlant ses derniers bateaux,
tu as laissé retomber sur le seuil

sa main blanche, ça non.

LE TOUR DES FLAMMES

À faire le tour des flammes quand ce qui brûle
n'est pas un tison de forêt morte, un vieux
bouquet de roses, des papiers sans histoire, le ciel
mal décidé à s'habiller de cendres,

mais la maison de toutes les promesses – et
laquelle fut tenue plus d'un jour, ô
versatile, toi qui n'as jamais pu
voir une colline se pâmer au soleil

sans désirer sa face d'ombre, d'un bond
toucher sa hanche, dans sa chute entraîner
la route de ton corps, laquelle, dis, laquelle
fut tenue que tu ne puisses détacher

le collier de feu qui enserre ton cœur ?

CLAUDE BEAUSOLEIL

(1948, Québec)

L'AMÉRIQUE, JACK ET LA ROUTE

« Je retisse les muscles brisés, les liens usés du monde. »
Jean-Marc Desgent

Kerouac que tu racontes pour jazzer le périple
d'abord Lowell puis la route les autres sons français les déroutes de la route les autres
dimensions improvisent une passion un secret un regret
une chanson des routes
comme celle entendue sur les pas des géants des amoureux des poètes
des amis d'autrefois qui sont devenus grands des efforts pour durer
des enfances en-allées
sur la route on the road à partir vers les cieux tu dévides et dévales tes mots
aux creux d'itinéraires fauves comme les enjeux scandés
tu répètes que les mots elliptiques sont en toi
territoire sacré du quotidien qui file
on the road sur la page
tu répètes que les mots sont la route infinie d'un jardin d'Amérique
aux immeubles enfouis dans des rêves d'enfants qui regardent la télé sur des postes impossibles où ils n'osent rêver tellement les horreurs les peurs les monstres de la vie sont des flambeaux meurtris des crises de néant aux soucoupes volantes des armes de propagande aux anciennes féeries tu dis que la nature a presque disparu mais là où tombent ces affres fêlées demeure un homme qui se bat contre l'hégémonie les folies les rejets les mensonges les tabous un homme resté debout rêveur face à l'écran des étoiles et du vent
tu répètes les mots
on the road pour la vie
tu répètes qu'il parlait français comme toi aussi

et qu'il est d'Amérique du Québec de Bretagne
d'ailleurs au creux d'ici
en toi aussi qui répètes ses mots
on the road pour la vie
l'Amérique à ses pas accroche ses rêves fous à l'envers du brassage des cerveaux annulés par la machinerie d'un enfer consommé tu répètes et tu dis que la voie est un mot qui en toi prend racine on the road tu répètes que
tu
          es
comme
          lui
enfant d'une Amérique qui s'écrit en français et donne à ses rêveries des allures rythmiques jazzant dans le périple qui traverse l'Amérique de Montréal à L.A. de Lowell à là-bas dans l'enfance de lettres aux sons d'un temps présent improvisé on the road sur les routes d'Amérique où dans les mots français la vie poursuit la vie d'une mémoire qui brûle rebelle en ses trajets

---

UN CIEL D'HIVER

à la mémoire de Gaston Miron

sur le fleuve blanc de mots siffle une complainte
arrachée aux séquelles d'une nuit hivernale
c'est la ville qui chancelle
qui claque
et qui frémit
sur ce fleuve blanc se hissent
des fumées en cris pâles détachant les immeubles
d'un ciel en proie au nord
à ce ciel tu demandes qui parle en ce silence
depuis combien de siècles

depuis quel lieu mythique
avec quelle énergie
toi qui regardes le vent
connais-tu ses quêtes ses lignes et ses errances
ses délires et ses fêtes t'y reconnais-tu
par-delà la poudrerie de tensions en tornades
l'âme de ta ville
froide
sans mélancolie tremble-t-elle frottée
aux courbes blanches d'un recommencement
réclamant un récit
dans lequel se prononce nu le mot hiver
que la saison emporte dans ces vertiges où des leurres
naît un livre pulvérisant les mémoires du gel

CLAUDINE BERTRAND

(1948, Québec)

La langue amoureuse panse
se déplace se dépense
et s'affaisse dans le réel
avant de se dénouer

Sur vos prunelles
au goût de vent
et de fruits
elle se referme

La chevelure grand jeu
s'étale à l'air grand soir

Des minutes les plus exaltées
la femme échappe aux limites

Une chair en extase
comble une main tendue

Sous le foisonnement des arbres
je quête le silence des feuilles

Parmi le bavardage
vertige cherche
vocabulaire
de vérités toutes nues

Prise tout entière
dans les filets de l'instant
rompre le désenchantement

Un baiser la fit sursauter
demi-tour vers la réalité

Il pose l'annulaire sur ses prunelles
elle murmure te voilà enfin !

Jardin des vertiges
(L'Hexagone, 2002)

ALAIN BORER
(1949)

L'ÊTRE À GUÉ
noèmes

Forum

Seul à l'aube
en lieu sûr
le jour dit

Noème 2

Chants d'oiseaux
sur nos tuiles
des nuées de sens

Noème 3

Je sais tout du renard
mais rien du vent
qui m'apporte son odeur

La criée

La statue éclatée
prend corps par jeu d'enfants
à cache-cache autour d'elle

Musée des Études

Enlèvement des jambes
au pavillon des États
prises sur l'espace

Villa des Mystères

Été sur le rebord de ma fenêtre
prêt au bond immobile :
les Ataraxiques
dans le fond du ciel

L'être à gué

La terre est vestige
la neige amnistie
nous les Appelants

Pas à pas

Poudre du temps
que le pas lève
pays bientôt porté manquant

Liquide béance

Le soleil peint du lever au coucher
tient au mât
content d'un fût
(Le Lorrain)

Part de la nuit aux livres

Payse de la nuit
disparue
entre ma lampe et l'aube

Départ de pêche

Barbate de Franco l'Andalouse
jusqu'à l'horizon nul palabre
qu'au matin sur la mer un Diésel

Départ arrêté

Cent fois non mort
je voyage à ma guise
dans l'actuel au-delà

Passionnaire

Condamné à vie
dans ce corps-là
je n'en sors qu'en toi

Cours d'amour

Nus au balcon
dans la nuit étoilée
jusqu'aux fleurs de midi

Je/elle

Invité chez ma mère
j'en sortis en criant
dans cette langue qu'elle me prête

GÉRARD CARTIER
(1949)

I

Les histoires divergent   une barque à la voile carrée   un rocher dans la mer   ou une chambre cachée   et le charme est fait de substances diverses   un verjus d'herbe un amari   mais tous s'accordent sur un point   une force inconnue d'ici   révélation puissante   là   est la rose éclatante   là la tombe profonde   hors de quoi   est l'amour d'ici   à quoi nous sommes livrés   trop lourds   trop douteux et trop lâches   pour affronter ce qui déchire   sans nul soulagement

L'été s'est assombri   au nord l'orage déambule   en lourd costume luthérien   *Nous croyons que le ciel...*   les pluies lavent les fièvres   *que calvaire et paradis*   *sont à la même place...*   seul sous son judas   Tristran fermente   ligoté sur sa planche   et rien ne lui est secours   ni trois lettres d'alphabet   ni le sommeil pesant   mauvaise plaie   puis monte une voix souterraine   le soir brûle dans sa trappe   il voit   son ouest...

II

Tant d'autres l'ont rêvée   visage clair œil changeant   des poils fauves à la liesse sauvage   *tout l'or tombant en tresses...*   *sous* des lèvres mobiles les dents   comme une arme et comme un ornement   un menton en triangle   et toute la géométrie de la beauté ils l'ont apprise et répétée   et insinué ce que les mots   ne savaient dire dans les règles   l'épaule creuse   les seins comme un pan de cuirasse   la hanche entaillée   et les formes qui s'effacent...

Ils ont nommé les instruments   une fiole de lovendrin   et un linge sanglant   très haut dans un étroit carreau   le ciel dérive   ils rêvent   enfermés dans l'ombre d'une cellule moite   et se prenant au piège d'un pur visage   changent leur nom pour celui de Tristran   puis le soir descend entre deux stèles   ils reviennent à eux et disent en grimaçant   l'amour une faute   et un châtiment...

LA FAUTE

Elle ne s'appartenait pas. son corps était un bref, scellé d'une cire dure. sa virginité, la paix du monde. elle traverse la mer. la soif qui la brûle dans l'orage est sa fatalité. elle gravit la plage, sa main dans celle de Tristan. sa beauté jette une clarté qui fend les murs : *comme un soleil levant.*

La faute leur est donnée. ils se rebellent en vain. triomphe-t-on de ce saisissement de l'être ? c'est la *grâce efficace* du Grand Arnault. le feu dévore le combustible et le foyer.

Rien ne pourra plus les séparer. ni l'œil caché dans le grand pin, ni la lèpre, ni la chapelle des falaises. les marais profonds ne seront rien, les forêts où vivre d'herbes, la mer à la longue pénitence. ils veulent subir cette passion qui les blesse et que toute leur raison condamne.

Sur la première borne ces mots : *« L'ivresse »*. la dernière borne est renversée. un lierre noir s'y accroche, un rosier sauvage y fleurit dans l'hiver. sous leurs tiges emmêlées la pierre est nue. le conte dit le contraire de ce que disent les conteurs.

Ils brûlent pourtant dans leur bure. ils mentent pour dire l'amour un mensonge et s'enivrent de toutes les ruses. écrire du doigt dans la farine. appeler *glace* le feu mordant et *pudeur* l'étreinte. inverser les noms. célébrer des passions interdites.

BERNARD CHAMBAZ

(1949)

L'ANTHOLOGIE : C'EST TOUT COMME

À la fois poser en principe le bonheur de lire un poëme et consentir à ce qui semble (est) obscur et reconnaître après Baudelaire que la sensibilité de chacun c'est son génie et qu'il s'agit finalement de connaître un peu de ce qui nous maintient en vie :

Vos seize ans c'était dans le temps
    Une féerie
Ils sont, je crois, vos 17 ans
... Leopardi comme il entend chanter
le maçon imagine la création du monde
... Quand toute ville au jour est épanouie rose
Sous l'azur clair des plus hautains tableaux
Dans la fausse douleur d'avant-dernière chose
... là le cerisier coupe la barrière
... Nos retrouvailles embelliront notre vie pour au moins trente ans
... Ce n'est que de l'encre et du papier ; on va pourtant s'obstiner
  malgré le peu de mots, toujours les mêmes : les mêmes que tout
  le monde
... Tout a commencé par une faute de français
... & le lendemain
 notre chambre à Taroudant tout en longueur, tons roses & verts
... Je me donne en esprit tout ce qu'il me plaît d'obtenir
... Je dédie ce livre à l'improbable, c'est-à-dire
à ce qui est
... mais d'autres fois on pleure on rit
 en écrivant la poésie
 ça a toujours kékchose d'extrême
 un poëme
... Cette mer qui rapporte sa prise matinale d'îles
... la Sibérie y était aussi chaude que l'Inde
 les insectes y cheminaient
 de l'Indus au fleuve Amour

... Par le hublot : on déballe soudain un cageot d'étoiles
Carlingue de fatigue et de chagrin laissant loin New York deux
que j'aime
... Quelque chose dans l'air rougit, ou plutôt carmino-groseille les lointains. Un rose extraordinairement sensible, à vrai dire assez sacripant
... montagne,
dans l'épaisseur de l'air, perdue par le haut
... Le canal de Panama est intimement lié à mon enfance
... la poésie date d'auj
ourd'
hui
... Quand je remettrai mon ardoise au néant
un de ces prochains jours
... Alors quel immense
Récit ce qui sera muet et enfance
Face à la prairie dans l'été
Tout à coup si un versant échappe
... Vous
je ne vous regarde pas
ma vie non plus ne vous regarde pas
... Afin que chacun dise est-ce moi, oui, c'est moi qui parle
Mais avec ce léger décalage de la musique
À jamais solitaire et distraite qui le traverse
... À écrire : Passage du Lieou-p'an-chan. Du soleil au brouillard. De l'automne à l'été. Retour ?
... j'entends Sonny Rollins dorant le vent sous Williamsburg
... Le ciel c'est moi Je sais que mes pauvres étoiles
par le chagrin du temps longuement attendries
vieillissent par degré
... Les martins-pêcheurs,
mais qui se soucie
encore
de leurs plumes ?
... Certains jours il ne faut pas craindre de nommer les choses impossibles à décrire
... Avunculat, ici, à Rugby (quand frisé et puissant d'Hervé, Sébastien, son fils, apparaît, c'est Pâques)

... À la question toujours posée : Pourquoi écrivez-vous ? la réponse du poète sera toujours la plus brève : Pour mieux vivre

... quelle
importance, ce que j'écris
ne dure que pour moi

... L'escalier des nuages a été détruit tout d'un coup ; il a plu, il a fait froid

... C'est beau Alger ?
Vous pouvez pas savoir
La prochaine fois
On ira ensemble

... Commence, recommence n'importe où !

Etc et on pourrait repartir, relancer à l'infini les comparaisons, avec les mêmes poèmes et poètes et avec d'autres bien sûr et on croiserait encore S. Martin si souvent et j'aimerais et j'aurais aimé aussi m'inscrire en creux ou en marge et notre histoire à cinq à partir du moindre mot et alors tout reprendre à zéro, recomposer. Mais ce sera pour un autre livre, peut-être, ou une autre vie.

Échoir
(Flammarion, 1999)

PATRICE DELBOURG

(1949)

MARAIS

de bastille en république
son corps avait rebondi
comme une balle de jokary
les mots ne coûtaient rien
la ville en contrebas contenait sa démesure
une lune humide blanche son enfance dans la rue
le février des casinos des belvédères
sa tête dodelinait sur les banquettes des michelines
ses yeux cherchaient d'autres couleurs
la pelouse des stades
la peau des petites
pas vraiment peur non
quelque chose d'autre marché des enfants rouges
l'attente sans doute rue des archives
la fagne des heures creuses
un sexe qui s'étoile sur les écrans des cinéacs
un téléphone qui ne répond pas
des fatigues ceinturent les faubourgs
paris palud son cocon son boulin
et toute cette vie qui sent l'ammoniac
dans les pissoirs du quai de la gare
cette mort qui embaume la pivoine
dans les salles d'attente de l'hôtel-dieu
encore un jour une nuit
bientôt ce grand chariot métallique
sous le grand plafonnier aux halogènes
bientôt ce grand exil sur l'alèse endormie
mais pour l'heure il est seul exténué au bout du bitume
des façades défilent quartier du temple
rencontres des autres sur fond de soi-même dérisoires
il parle par hasard il grignote ses restes de souffle
rambuteau francs-bourgeois il existe encore furtivement

une capsule de soda une lame de rasoir une photo d'identité
un ticket périmé très peu de choses en somme
cadastres qui se remembrent se lézardent
volent en éclats dans une fuite panique en haut-le-cœur
aujourd'hui il se couchera enfin tranquille
la nuque sous la herse
vous l'écouterez peut-être
moment spirale
instant en suspens
juste avant le terminus
accroché
orbites vides ventres gonflés
filent les noyés de la seine
en ciel de traîne
le long des entrepôts de bercy
l'écho répond à l'écho
glisse comme un caillou
la maigreur insoutenable
avec son ventre blanc
en posture de silure
un corps fou de froid
non un tronc d'arbre
jusqu'aux écluses de marly
places réservées aux mutilés de guerre
l'autopsie se termine ici
les clepsydres commentent la course
trois fois rien somme toute
en derniers messages de résistance
pierre dac à londres
andromaque se parfume à la lavande
à trop sentir le vieux
la mort ne me concerne plus
puisque je ne suis pas complètement né
voyage en radoub
– sommeil de salpêtre
caducée à la vitre embuée
ce n'était pas l'amour
ce n'en était que le mirage
toujours eu cette honte de vivre

les heures chauves comptent leurs dents
cette succession d'instants fanés
tient dans un boîtier de montre
tout plaisir orphelin est un art
cinquante ans et quelques chagrins de plus
moi proboscidien aux arômes de vétiver

MICHEL BAGLIN

(1950)

Oui, un jour tu rendras grâce à toute ivresse, à tout effort vers la mue.

Ivresse du large, ivresse des larmes, de la musique qui dénoue les entrailles,

de la caresse qui cherche en tremblant où le cœur lâche.

À l'ivresse, aux bras ouverts et aux horizons qu'on rattrape.

À l'ivresse qui nous invente des frères de comptoir et de mondes refaits.

À l'ivresse et à ses yeux plus grands que la naïveté.

Oui à toute ivresse qui dit et redit et crie et chante même la soif, la psalmodie, la balbutie,

notre soif d'hommes, qu'elle n'étanchera pas.

*

Je rends grâce même à l'école pour quelques odeurs d'encre mêlées

à celles des feuilles tombées des marronniers et des goûters écrasés au fond des cartables.

Pour la paix des soirs d'étude dans le crissement de la craie et des plumes appliquées.

Pour nos envolées de voyous à cinq heures vers les terrains vagues

où l'on dénichait des Indiens, des corsaires, parfois des clochards.

Et pour les rires des filles déferlant du haut mur de la cour mitoyenne sur nos haussements d'épaules.

*

Je rends grâce aux grands champs de la Brie, aux chaumes de juillet

où nos mollets de glaneurs s'écorchaient en arpentant des terres à blé mal rasées.

À la manne des gerbes oubliées des moissons, aux épis échappés dans les haies,

à ces chemins de poussière où nous poussions au cul des remorques

avec au bout la promesse d'une eau fraîche de puits et l'ombre du prunier.

À ce village aujourd'hui lesté de béton, de néons et d'asphalte je rends grâce

de m'avoir donné un corps à fatiguer sur ses routes d'ornières jusqu'au secret des bois,

une mémoire d'enfance qui n'aura cessé de pêcher des têtards au lavoir disparu

et d'apprendre des bêtes qu'on ne vit qu'aux aguets, d'un tremblement d'échine.

PIERRE PERRIN

(1950)

L'ENFANT FOU

« Le poème est cri fondamental, douloureux,
discontinu, mais qui devient langage. »
Jean Orizet

Nourri d'inquiètes certitudes, il ne voyait pas de cratères sur la route. Il tombait, se blessait, mais il se relevait. L'âme écorchée, zébrés les reins, sans cesse il courait. Le soleil, le vent, la pluie l'étrillaient, l'étreignaient.

Toujours il fixait la touffe du monde qui reculait sous ses lèvres. Des filles nues perlaient dans le soleil. Il se haussait sous les palmes de leurs bras. La caresse n'était qu'un souffle. Les yeux rouverts, il restait seul.

Il enrageait, criait parfois. Mais manquant d'audace, une botte de paille déplacée, malmené sans cesse, il pressait sa réflexion d'un lacet sur la gorge. Pour retourner la solitude contre lui, les forces lui manquaient.

La simplicité lui échappait. Tiraillé sans répit, de la braise écartée. Pourtant les années l'avaient gagné ; demeurait le volcan ; à ses pieds, la tendresse avait monté. La tête au ciel, il souriait, de l'herbe plein les lèvres.

LA COMPLAINTE DE MAI

Même un enfant pouvait arrêter l'eau d'un doigt...
Jean-François Mathé, *Le Temps par moments* (Rougerie)

Le lilas tellement détrempé sous le ciel de cendre,
On le croirait une mitaine de verdure. Des trous
Partout. Les fleurs dégorgent. Trop d'appâts
Abandonnés, rongés de rouille, tirent vers le sol.

La jeunesse près d'expirer, son parfum constellé,
Le ciel pour le lilas non plus n'est pas une resserre.
Il respirera pourtant tout l'été, presque plus fort
Qu'une chatte à la veille d'accoucher. Il flambera

De l'intérieur. Le vent de cent assauts le mettra nu,
Le plongera, sans plus de forces, dans l'hiver.
La neige passera. Des hommes le verront renaître.

À leur rythme, à leur tour, dans des cris étouffés,
Ils perdront leurs fleurs, ils perdront leurs feuilles.
D'autres enfants occuperont la place de leur cœur.

LA SÈVE SOUS LE GEL

Que ne vient-il avec ses *JE T'AIME* ? Le froid la gagne, les cuisses en tétanie. Le canapé n'est pas un havre, moins tranquille qu'une tombe. La télé roule à ses tympans. La nuit s'ouvre sans personne et sans bruit pleurent les vignes.

Foutus bonshommes à tout culbuter ! Un pas de deux, un an de paix, est-ce impossible ? D'autres font pire, la mort sous eux. Il se tait, il se terre ; il la condamne à vieillir seule. Peut-on rien contre l'oubli, la trahison ?

Les mains repoussent le pinceau ; la musique, elle la vomit par les oreilles. S'est-il brûlé ? Elle boirait le vinaigre sur la plaie. Pour qui tintent les cloches dans les prés ? Ses ailes sous ses doigts, elle savait les lisser, les dresser.

Cependant le souffle entre ses lèvres s'ensommeille, quand même elle sursaute au moindre bruit. Un chat détale – ce n'est pas *lui.* Genoux pliés, nuque froissée ; séchée, poussière, l'ultime rose glisse encore, un lent toboggan.

Le bonheur ravalé, le jour ferme son couvercle.

JEAN PORTANTE

(1950, Luxembourg)

Rien n'est détruit ni la vieille horloge
suspendue dans le ciel ni les heures
qui pleuvent au-dessus des toits   le
temps comme le reste s'évapore et

se condense et les animaux noirs qui
par à-coups se posent sur les murs
n'ont pas fui en vain le laboratoire
aujourd'hui est un jour irréparable

on va au marécage comme on va
à l'église   je nous vois agenouillés
devant l'éternité   nous prions un peu
pour faire pénitence   nous mentons

aussi et tout reprend son cours   pourquoi
marcher sur l'eau quand on peut le faire
ailleurs   et pourquoi dire non quand oui
est une boule de cristal

Les cheveux sont coupés mais pas
encore les mains   il y a un tapis de
feuilles mortes devant la maison
comment vivre après tant de générosité

comment se ruer sur la porte pour l'ouvrir
et faire entrer les morceaux de
ce qui reste   trois mois sont passés
depuis le dernier départ

et les trois tristes porte-parole qui
se sont relayés devant la maison
ont chacun à sa manière réglé leurs
montres sur les battements de mon cœur

Point
(Éditions Phi, 1999)

III

La génération née après 1950

JEAN-PIERRE SIMÉON
(1950)

I

Il n'y a pas de justice : dis-tu
on meurt aussitôt que l'on chante
et ce qu'on aime
un jour ferme : les yeux sur notre amour
comme ingénument tombe l'ombre
d'une branche

non il n'est pas de rive juste
à la vie qui avance
quels que soient l'effort et la hâte
que nous avons à étreindre

dans le pli des lèvres
toute colère est murmure
et le baiser rejoindra pour finir
la page morte du poème

or tu fus celle-là
avant la trahison
qui jouait au voleur avec les vents
sous la chevelure des châtaigniers
puis dormeuse aux yeux innocents
sous le feu des orages

sois femme à présent les yeux droits
dans la nuit dans l'espace infini
sois persuadée de ton courage
comme ceux qui vont à la mort étrangère
avec au cœur
un bouquet de caresses inoubliable

mais hausse tes larmes
elles sont la sève des souvenirs
et renoue avec la course de l'enfant

son cheveu léger
son pied qui vole avec l'oiseau
son souffle qui croit
en la seule soif des lointains

aime aime encore
sur le tranchant des jours
et dispose des biens de la terre
dans l'instant où mon front
s'incline à ton sourire

II

Je t'écoutais parler à ton enfance
comme on ferait auprès du feu
tout le corps respirant la clarté des flammes

tes mots riaient dans les larmes
si même c'étaient des larmes cette ombre pure
vibrant sous la paupière

dehors des jeunes gens jetaient des cris
sur le ciel bleu comme des pierres
la lumière crevait la vitre des fenêtres
une radio oubliée chantait
pareille à la solitude

c'était un jour violent comme l'été

et tu parlais à ton enfance doucement
dans cette langue d'étrangère
qui avec patience demande le chemin
à qui ne le sait pas

savais-tu
tandis que ta voix buvait le silence du passé
combien il te faudrait franchir d'adieux
pour trouver la force de chérir sans mots et sans larmes
tes vies disparues ?

alors ici enfin plus rien
plus le signe ultime de la chair
plus le dernier sourire sans bouche
plus la chambre close
sur son architecture de poussière et de nuit
et plus de grincement du cerisier
où l'oiseau empiégé t'en souviens-tu
déchira ses ailes

alors seulement cette veille parfaite dans la mémoire
où ton enfance est là
simple et nue
qui te regarde aimée et advenue

elle est ta vie d'hier et de demain
elle te prend dans ses bras
et c'est elle désormais
qui te rendit les songes

DANIEL LACOTTE

(1951)

SONORITÉS

Chuintements délicats. Les galaxies balaient l'espace, tandis qu'un insecte percute la planète. Aux confins du domaine une fière comète s'invite.

En grappes ou en épis, des lueurs rasantes vacillent, se superposent, s'enlacent puis s'enlisent. Elles s'agrippent, miroitent et flamboient pour peindre le volume d'un infini mouvement drapé d'ombres odorantes.

Jaillie des plus lointains silences, l'onde porte un dernier pinceau de matière en fusion. Transis de froid, nos doigts suivent sur l'horizon les derniers sursauts de l'harmonie.

Comme des algues ébouriffées surgies des entrailles de la terre, un rideau de peupliers s'accroche aux langues effilées des nuages. Elles caressent le temps d'un tendre battement pour mieux apaiser l'ultime fureur du feu crépusculaire. Alors, d'un geste expert l'astre affûte son ambitieux destin. Son ultime déclin. Savamment maîtrisée, une douce fuite s'annonce.

Attelés à la même charrue, terre et soleil enfantent un céleste courroux associé aux bribes craintives du lendemain. Nos mains saisissent la saveur de la vie qui rôde.

HIER

Insouciantes soirées des mois de juillet autour d'un feu de camp. Regards farouches ou pétillants. Murmures et tintamarre. Mots susurrés, phrases éventées.

Lentement, le froid tombait sur les charbons ardents. Puis la brise de mer dispersait l'étincelle des ultimes poussières de braise.

Las, le corps des jeunes femmes s'abandonnait enfin aux chancelants halos des réverbères fatigués.

Aujourd'hui, je rêve encore aux pâlots souvenirs écrits dans les nuages. Ses soirs de grande bonté, accrochée aux plus hautes futaies, une lune voilée en permet la lecture.

VERBE

Le mot, tison coupable, fait saigner le langage.

Trop tard ! L'hémorragie embrase les images qui voltigent du cortex à la main, de la plume à la page, du livre à l'échange. Incessant témoin d'un dialogue enthousiaste, le verbe porte en lui un seul désir : concilier souffle et cendre.

Le mot, ultime serviteur, brosse la légende.

Outil d'une meute docile réduite à quelques scribes, infatigables esclaves volontaires, le verbe se doit de traquer la meute des féroces cannibales qui ne comprennent même pas l'horreur de leur propre destin.

Le mot. L'unique compagnon d'un joyeux cercle d'otages consentants qui échappent à la torture en façonnant l'Histoire avec jubilation.

JEAN-PIERRE LUMINET

(1951)

Être davantage. Pendant trois ans nous avons fait sans. Ils ne demandaient jamais pourquoi. Ils me félicitaient avec elle, qui me rendait mauvais bout de crayon, lettres démontées de côté chez un commissaire-priseur. J'éclate, elle a la main sur mon grondement. Je cours sur ses talons comme à faire des souliers. À six heures du matin, revenons à l'odeur du beurre rance... Il y a dans mon répertoire, mais je n'en ai jamais entendu sur un dais, au-dessus d'un immense pupitre en bois attaché au ventre ; ses mains sont coupées et m'empoisonnent, et empoisonnent les autres. Pas difficile d'être seul, nu, mathématiquement fixé dans leurs grilles de fer. Un homme n'a pas besoin d'être riche, on appelle ça le sommet du monde. Où donc ?

1989

Nuit allégorique mue par trois hélices de verre
Voici ce que disent les rivières rieuses :
Le monde n'est pas créé une fois pour toutes
La vie aveuglément recouvre l'intelligence
L'intolérable perte de contact
Et le jour se règle sur le prisme des larmes
Celles qui éclatent sont les plus irisées
Tes yeux de fin d'orage c'est ce croissant pâle
Qui se nacre et s'ardoise aux sept planètes
Comme la cristallisation du vent
Vertigineusement penché
Ton regard se veloute d'une incandescence propre
Ton aile triple est frottée du miel floral
Il y a les crochets des scorpions
Le fondeur des étangs aux dépouilles chéries
Les colonnes liquides porteuses de haches

Poisson lumineux
Une lune à la jonction de tes cuisses
Est le siège de la toute-beauté.

1993

ÉTRANGE NOCE

Touffe noire en soute lagune céphale écueil informe
de peine bloc du jour le ciel est musc cette odeur-là
je la respire souvent pour rétablir le cours mais
j'échoue à l'éteindre et elle flamboie et elle s'arrête
avant d'avoir été suave ma compagne d'une langueur
ma nageuse au corps affleurant à la surface je ne
vois d'elle que son ventre duveté fondu dans le blanc
craie du ciel étrange noce j'ai mis la main dans une
gueule froide et lisse ton poil sous le bras est celui
d'une bête mer libre de toute voile de tout poisson
mon reptile aux frôlements d'élytres muge et rose
aplatie sur le sol mais une forêt un bois toi je te bois
comme une eau claire non sans limite j'imagine des
mufles doux quand on lèche leur calice ce sont les
premiers engourdissements le tourment des
égratignures dans la persistance des nourritures
engrais renouvelé tous les soirs.

1999

JEAN-YVES REUZEAU

(1951)

TAMAGUSHI

à Jean-Luc Steinmetz

Certitudes gravées entre mémoire et désirs.
Un monde virtuel soudain crève l'écran des mots.
J'errai donc, l'œil rivé sur le pavé vieilli –
à la recherche d'une parcelle de néant.
L'oubli comme un délice dans l'hélice du temps.
Nous soignons d'un poème les maux accumulés.
Les mots effacés. Soudain tendus tels des étendards
de survie claquant au vent présent. Fouettant
les visages enfouis. Les masques découverts.
Nous flattons alors dans une poche intérieure
une sorte de talisman. Un jouet d'enfance. Un secret.
Un silence câliné buriné qui – vaille que vaille –
nous rassure. Nous aide encore à tenir face au monde
chaque jour dressé. Bardé d'êtres et de fantômes
face à qui nous nous découvrons fétu dérisoire.
Brimborion. Objet de pacotille accroché
arrimé au sein fleuri de la folle espérance.

LE POÈTE ASSASSIN

à Olivier Lécrivain

En longeant le square à midi. Une volée de fillettes
éparpille le jour engorgé de soleil. Printemps tardif.
Un bruissement. Une entaille dans la lumière.
Les secondes s'égrènent et se figent sur la pellicule.

C'est un instantané. Flou. D'une rapidité fulgurante.
L'œil ébroue le puzzle. Reconstruit le souvenir.
Cette vision agit comme un glaçon sur la nuque.
Nulle certitude. Place de la République. Clic.
Clac. Un arc-en-ciel impossible strie les paupières.
J'aurais pu franchir la rue comme une mangrove
pullulant de caïmans. Et seul un klaxon suraigu
me réveille. Un film surimposé sur la rétine.
Un monde caché derrière le monde suffit
parfois à poignarder la réalité. C'est ainsi.

LES BATTEMENTS DE CŒUR DE RITA HAYWORTH

à Daniel Fano

On se croirait à Nagasaki ou Key West. Au carrefour
d'un poème. Trop de films. De chromos sous la rétine.
Lettres sans réponse. Laconiques cartes postales.
Juste un peu d'ennui. Noir et blanc du souvenir.
Pelliculage mat et nitrate d'argent. Image latente.
Le barillet des vitesses à la surface sensible des corps.
Reflex 6 × 6. Un agent secret rôde dans nos écritures.
Traque chaque syllabe. Double sens. Double fond.
Un secret à la dérobée des mensonges et des rêves.
Assez étonnante cette façon de sucer le *chocolat*
bleu pâle. L'opale des leurres. La boule de cristal.
L'enquête progresse. Margarita Carmen Cansino
dans *Seuls les anges ont des ailes*. Lent frôlement
des gants de satin noir dans *Gilda*. Exact cadrage
des mots dans notre championnat de mélancolie.
Sur le vélin. Sur l'écran. Une fiction de nos vies
trop réelles. Traquenard dans l'illusion d'exister.

BENOÎT CONORT

(1952)

RAPSODIE DE RHAPSODIE

à Patrick Souchon

on avance on avance place tien an men tu la voyais pas comme ça
l'histoire jogging du dimanche autour de la cité interdite
la langue à l'œuvre on avance on mélange
à l'amertume la mélancolie dans une chanson la nostalgie comme
l'opium gangrène la nostalgie n'est plus
une radio on l'écoute vingt ans déjà vingt ans après ce n'est pas de la
nostalgie la rapsodie même si ça rime avec vieux genre ressuscité
genre ancien même si tout ça lié
si elle injuste parodie l'épopée hector ulysse en particulier un peu
ridicule dans sa grandiloquence armée médiocre tricheur – pas
hector si beau en cadavre homérique héroïque – mais ulysse
la tromperie en modèle sa jactance on appelle ça la ruse et c'est très
bien coté du côté de la rhétorique
ce que le rapsode veut c'est crier c'est comme glissant glisser
du cri antillais à la parole nue relater la colère et parler d'eux de tous
ceux-là qui l'entourent en leur cité close leur parler votre vie est
une rapsodie
partageable entre tous ceci est mon roman et cette vie aussi insensé
qui crois que je ne suis pas toi est la nôtre puzzle
de vers de prose en versets précipitée
avec des phrases mal fichues je viens ici connaissant la vie et de la
mort ce qu'un vivant pourrait des deux
savoir juger cette longue querelle du vers et de la prose de la douleur
et de l'espérance avec parfois de la romance empruntée à l'espa-
gnol et qui désigne un bref poème épique en octosyllabes ses vers
pairs sont assonancés c'est ainsi que la rapsodie va
de la romance au roman courtois récit galant irréaliste les espagnols
poussant la romance rejoignent ceux du nord et tombent en don
quichotte

le rapsode n'est pas l'homme d'une cité plutôt celui qui a droit de citer

les autres où sont-ils qu'on vienne à eux les autres dehors et nous dedans on les regarde comme

derrière une vitre le réel menaçant le réel mène au sang quotidien la misère est la nôtre

cet effroi d'enfant sur le siège arrière de la voiture elle trouait la nuit

tu vois on danse le corps on le balance pour pas tout seul dormir on avance

les citations comparaissent elles se heurtent collage non mais tissage d'une histoire d'aujourd'hui vaguement racontée avec de l'invention

empruntée au latin classique inventio action de trouver de découvrir découverte faculté d'invention et terme de rhétorique en latin chrétien inventio sanctae crucis (v. 530) désignait la fête rappelant la découverte par hélène mère d'empereur prostituée et femme offerte au désir mage de la croix du christ et adinventio signifiait trouvaille dans la façon d'agir et péjorativement expédient ruse toutes choses applicables à la rapsodie

l'invention donc d'histoires en romans d'enfance

écoutez la romance écoutez

la chanson bien douce qui ne pleure que pour vous plaire chanson des rues et des bois vieille chanson du jeune temps romance sans parole de la plus haute tour à bouche close vibrent les lèvres un bruissement d'enfant tout entier

au bruissement qu'il fait à sa faim et sa soif

on avance on n'a pas assez de sens pour faire la phrase dans l'autre sens ou à pied dans la beauce peguy sue depuis bientôt un siècle en quête d'un pas vers le ciel lui aussi voulait aimer pourtant

on avance on ne sait pas vers quoi peut-être vers le bout de la ligne avant qu'elle ne brise et navette revienne au début maladroit rapiéçage

quand elle revient on s'interroge en ces temps de bûchers bovins de fièvre ovine en vertu du principe de précaution on canalise les catastrophes provoquées on rentre dans la rime ces bouts désordonnés

ces chiens versés noirs ils sont cerbères à l'entrée des enfers romantisme attardé

quelle épopée offrir aux zep si taguées wait for the ricochet disait une voix
dans le noir de la chambre quand passait child in time l'on jouait la nuit
l'amour aux cartes on le jouait suivant que gagnait ou non
la réussite aux cartes vieillard grincheux on passera ses matinées à la patience en grommelant sur la toile cirée de la salle à manger pendant qu'une moins vieille s'activera dans la cuisine
tout nettoyer les vieux cuivres obus de 14 ou les trompettes de l'harmonie municipale
le savait-elle que l'on jouait ainsi la vie à pile ou face la rapsodie mêle tout absout tout dans le rythme
ce monde est glauque comme un venant pleurer d'avoir bien réussi les cadors on les retrouve aux belles places nickel devant le troupeau bêlant pas vraiment de l'ordre de
la rapsodie inconnue des équations de benjamin péret c'est là son intérêt
brise toutes les conventions verse vers le vers mal édicté de la diction bégaye la romance d'une infinité de destins
versés après changés comme le sang
en vin
ce noir désir quand reviendra l'automne le vent l'emportera la saison monotone et le roman en langue vulgaire
l'ivre dive bouteille des mots pas bien gelés ils fondent au feu de ces messieurs
on les dit grands bon appétit messieurs
est-ce bien d'ailleurs une rapsodie en avançant on se dit qu'on est en train d'écrire
une satire en latin satura macédoine de légumes pièce de genres mélangés avec la mayonnaise un peu tournée qui pèse sur l'estomac pas loin de la rapsodie en somme
sorte de farce morale et raillerie à la fois quelque chose qui ressemble à du brassé du réchauffé du pas tout à fait
fait avec des dérapages des zigzags encore une fois
doué pour les ratés le rapsode ne sait que déraper au lieu de chanter à la fin de l'envoi
il coule dans le marécage on l'enferme pas besoin de cadenas
poète ci-gît cœur sans cœur mal planté trop réussi comme raté n'a rien compris à la reproduction clone il tourne mal

jouant habilement des codes la contumace renonce à les aimer trop
machinalement ajustés
il aime le grain de sable ce qui merdre soudain et pas dans un système
et quand ça saute en l'air sous le ciel à baudelaire
when I'm sixty four 6 et 4 ça fait dix revient à 1 en numérologie le
chiffre non-identitaire du rapsode lié au zéro de quoi
peut-être l'émotion l'étonnante corrélation un peu obscure perdue
dans les méandres de l'inconscient freudien
on ne boit pas pour que monte le courage on boit pour que tombent
les barrières pour laisser parler la langue de soi morte
la seule vraie primitive véritable saillie de l'esprit balbutiant
roman où rien n'est vrai on s'invente des vies elles deviennent réelles
rapsodies où n'est que chant et parole mal assurée qui s'engendre
et se grise
de toutes ses histoires
elle prend le contre-pied casse l'image
du poète policé au miroir flatteur il rit de se voir
quelle histoire si belle où est le désir et cette femme offerte dans
l'échange qu'en faire quand
elle jouit d'être sur la photo on voit
que le sexe demeure insatisfait et quelle satisfaction donnera la
réponse
apaiser le désir et l'éponger l'adoucir dans le frisson et partagé
le baiser
mais lui où en est-il de son programme parti au fond d'un verre de
ti-punch deux heures anse à la gourde il n'a jamais vu de lamantins
à petit canal là où débarquaient les esclaves il y a une décharge
publique
on y revient la rapsodie est maladroite mal romancée elle aime
rompre la musique la torpeur mélancolique
l'héritage de saturne et les humeurs noires en lignes si brisées
ça soulage soudain de franchir délibérément toutes les lignes
blanches autrefois jaunes de taper tous les arbres d'échouer dans
tous les fossés de sombrer dans tous les atlantiques et rire
ça soulage d'être enfin dehors d'avoir cédé et succombé de renoncer
s'abandonner à tous les démons de midi et de minuit c'est ça la
rapsodie le pardon absolu radical
le titanic s'enfonce couler avec dans la mer froide enfin sombrer
s'abandonner comme d'autres le font au plaisir s'abandonner

renoncer à croire à ne pas croire n'être qu'un prenant parole hurlant de toute la force de ces millénaires de chaos hurlant d'avoir été esclave d'avoir été le maître hurlant d'avoir toujours tué été tué d'avoir toujours imité d'avoir appris les règles et de les avoir oubliées d'avoir rêvé les femmes et de les avoir méprisées de les avoir voilées et de les avoir violées

enfant hurlant d'être pris dans cette vie que l'on avait choisie pourtant

c'est facile mourir dans le ventre de sa mère et on n'avait pas voulu aujourd'hui on est bien obligé de continuer à faire comme si

le cœur y était quand il n'y est plus l'infarctus guette

toujours quelque chose guette le diabète le sida la peste ou la grippe asiatique toujours quelque chose cède dans le corps quand la fatigue est trop grande

happiness is a warm gun elle est si froide en vérité à qui réchauffer larme sinon la colère et c'est encore la rapsodie

une colère énorme une insupportable atroce colère qui étrangle dévore de l'intérieur qu'on sait plus où donner de la tête c'est ça la rapsodie 2001

l'odyssée de la colère injuste féroce impitoyable le chant des opprimés puisque l'internationale n'est plus le chant de tous les refusés les chants de la douleur ne sont pas toujours les plus beaux contrairement à ce que prétendait l'alfred en se saoulant tristement

il devait bien avoir lui aussi quelque colère rentrée ou à rentrer bon dieu ce qu'on peut à vingt ans

se raconter d'histoires et dans la rapsodie on psalmodie le chant errant de nos erreurs quand on regarde

sous les gravats toutes ces ombres perdent nom englouties par la bouche d'égout sur le trottoir les ombres lèvent des corps parmi les blocs échus du désastre rejoignent d'autres ombres plus anciennes mêlent leurs cris silence

on se frotte on se serre on court on va on appelle

l'usure le temps qui nous dévore saturne n'a jamais baissé la garde comment pourrions-nous vaincre

ne sommes dieu ni démon nous seulement cet amas ridicule et grotesque de chairs enchevêtrées dans le rictus corps d'agonie sommes combat toujours mené

malgré les manipulations malgré ceux qui savent et ceux qui décident et ceux qui gagnent tous cherchons le pouvoir d'avoir du pouvoir de gagner du pouvoir d'exercer le pouvoir de conserver le pouvoir

se refusant se donnant c'est tout un de pouvoir
asseoir son pouvoir asseoir ces phrases anormées ces diagnostics en langue obscure et définitive ces promesses sans lendemain et ces lendemains qui n'appartiennent qu'à autrui
remettez-nous votre pouvoir et nous leur remettons notre pouvoir nous y renonçons pour l'amour de quoi cette compassion
revienne le temps des révolutions la rapsodie refuse de convenir refuse de se soumettre refuse d'acquiescer refuse de consentir refuse de dire oui
aimer pourtant
volonté passionnée d'une négation on voudrait tant croire que le pire n'est pas certain on voudrait tant ce soir il fait nuit sur new york en d'autres lieux aussi de chine à palestine
et on tape sa tête contre un mur ou contre une pierre une fois de plus on perd une fois de plus on additionne on soustrait c'est pareil dans le désespoir (point sur point) on échoue désastres répétés
aimer pourtant aller plus haut mais comment
par le servage des filles dites de joie pour une fois et plus jamais
je vous aime femme venue de l'épeire vous près de lui étendue
dans vos larmes il voit
grossissement d'une larme loupe elle-même
l'amour pleure son esseulement si seulement ces mots
venaient à vous à la manière d'un battement d'ailes lui rapsode demande le droit d'asile demande qu'on voie
par les trous d'un manteau danser les galaxies et demande
le droit d'être vivant j'y suis j'y suis toujours
vivant ce qu'on peut à vingt ans
se raconter d'histoires benoit conort

YVES NAMUR

(1952, Belgique)

C'est aujourd'hui
Le passage dans la chambre bleue,

Là
Où dorment encore odeurs d'antan,
Jambons fumés
Et ustensiles de cuisine.

Et toujours ce rêve de table

Qui s'ouvre
Comme le pain, le linge blanc

Ou le poème.

Le voyeur
Reconnaît ici les saveurs de l'huître tiède
Et celles de l'eau salée.

Puis se lève
Et marche dans une assiette blanche
Où dorment encore figues
Et bécasses d'hier.

Le voyeur entrouvre ainsi les pages
D'un livre entrouvert

Et ouvert sur la mer
Et le ciel noir des oiseaux.

La Petite Cuisine bleue
(Éditions Phi, 2002)

DIDIER POBEL
(1952)

FEMME EN VERT SUR LA PLAGE

Un matin de juillet à Kusadasi,
une femme en paréo vert est venue sur la plage
et tournée vers la mer immobile et quasi
semblable à une statue de sel,
elle a regardé longtemps le large,
l'île bleue de Samos, l'écume des nageurs.

Que pouvait bien ainsi scruter celle
dont je ne savais ni la nature des yeux
cachés derrière des lunettes noires,
ni le motif de sa simple détresse
qui fit d'elle pour moi ce matin de juillet
non pas une déesse venue à pied d'Ephèse

mais une femme belle d'être énigme à jamais ?

Asie Mineure, été 2003

CHÈVRES, SIÈCLES ET ROIS

Pour sentir au visage un peu d'air
– quelque chose comme le souffle lent du monde –,
je marche vers le soir jusqu'à l'embarcadère
d'où l'ombre en felouque veut gagner l'autre rive.

Des chèvres poussent au pied de la montagne
de petits cris pour converser avec les rois.

Que voulez-vous désormais qu'il nous arrive ?
Que voulez-vous demain que ça nous fasse ?

Les siècles bruissent comme une nuée d'éphémères
près de la lampe aux immobiles rondes

en avalant des croix.

Louxor, 12 mars 2000

LE COUCOU

C'est qui celui qui sonne ?
Un rôdeur invisible,
un gamin qu'on sermonne ?
C'est les deux à la fois
et qu'est-ce qu'il insiste
à la porte du bas
dont s'est brisée la clenche
l'oiseau aux deux tons doux
et si cruels
qu'on appelle
le coucou
quand on ne sait plus nommer
l'espèce noire de l'enfance
voleuse d'autres nids !

JEAN-MARC DEBENEDETTI

(1953)

1

Dans les viscères du petit jour
je vois jaillir le sang de l'aigle
que l'on va tuer aujourd'hui même

À midi
je reconnais l'air sec
qui enivre la guêpe

Vers six heures du soir
je fais parler
l'odeur de la vase chaude
et le souffle des hauteurs
Je déjoue le complot des gouffres
en imposant le silence

Entre chien et loup
Je viens
pour effacer toute lumière

2

Je sais l'histoire du regard
sa chute son règne et sa fin

Je connais là-haut
la danse des particules
et leur cortège de signes
au sein de la matière

Puis j'enfante la chute
et le ciel fume
comme un miroir

3

Je m'impose à la nuit
sur le trône
tout au fond de l'abîme

Gardien du visible
je réduis le feu
à la seule étincelle

Mon œil unique
comme une étoile
témoin des ombres

4

Quand la nuit cache ma nudité
avec son orage naissant du vide
mes enfants obscurs
s'agitent en mon ventre

Je suis la ténèbre
dressée pour mettre bas
le corps limpide et mou
batracien du regard

FRANÇOIS DE VILLANDRY

(1953)

COURRIER

Dans le rouge d'un après-midi larmoyant, mes sentiments ont abdiqué. Dans le vert d'une forêt sans musique, j'ai rayé de ma mémoire son sourire. Dans un estaminet sans âme, son parfum a envahi les pores de ma peau. Mon égarement a planté au mur du suicide mes conversations intimes. le ventre de mes remords a défenestré une rupture décolorée par le temps. Encerclé par les non-dits je divaguais dans des chapitres de baisers mal consumés. Là-bas, au bout du monde dans une ville fantôme, elle et son cœur promenaient leur misère sur une route percluse de chagrin.

Avec pour compagnie le silence de sa voix, je traînais ma carcasse dans un tourbillon d'ennuis. Après une longue balade dans le cercle de mes angoisses, j'ai assassiné à coups de crayon cette belle histoire. Je n'y croyais plus. Le temps passait et des hirsutes disparaissaient sous des trames de violence.

Un bouquet d'orties desséchées à la main, je saccageais le destin avec véhémence, puis la colère se résorba dans un ciel froissé pour de nouveau arracher mes sentiments. Point-virgule d'un sale rêve qui épingla mes délires au plafond d'une chambre réverbère. Cette nuit-là j'ai pendu mon cœur aux esses du renoncement.

YVES DI MANNO
(1954)

PEINTURE RUPESTRE

la flèche qui a tué
le buffle étendu à tes pieds
        je te la donne
        je te la donne

sur ta main gauche j'inscrirai
le nom dont tu m'as doté

au mur de l'est dédierai
un autel à ta beauté

et sous mes mains
        l'argile demain
        donnera forme
aux hanches lisses de l'amphore
        où tu boiras ma belle
        où tu boiras ma belle
l'eau de mon corps

la flèche qui a gravé
sur la pierre le buffle éventré
        je te la donne
        je te la donne

PAROLES À DELPHES

Je crois.
répondit-elle à son énigme.
Je crois qu'au ciel ouvert je préfère
le désert où tes pas m'ont menée.
L'ocre ou la sienne au bleu –
la loi au maître –
le prince au dieu.
Les barques impassibles
remontent un fleuve encore
dont je n'ai pas vu l'ombre
: la rive
: ni le delta.
Il s'agissait d'un roi –
s'agissait d'une reine –
d'un enfant qui naquit
au centre du domaine
où plus tard il vécut.
Ce furent tes scribes qui parlèrent
ton encre qui traça sur le papier un signe
(deux ibis)
ton sang dont ils teignirent les cheveux du régent.
Si la mémoire d'une île devait te revenir
apprends alors qu'un homme y jeta l'ancre –
qu'auprès de lui je fus –
et que d'un arc unique
et seul il triompha
des rivaux du monarque.

Champs
(Flammarion, 1987)

DOMINIQUE SAMPIERO
(1954)

ON NE PEUT PAS S'EMPÊCHER DE MOURIR

N'être rien rend fou tant que l'on résiste.
N'être rien est une jouissance quand on s'y abandonne, les yeux fermés, pour laisser le silence nous dévaster.

N'être rien me parle plus que tout, c'est absurde, rien ne devrait rien dire, mais si, au contraire, seul ce qui n'est pas moi me parle, j'apprends la langue qui me ravage.

Là où plus rien ne bouge, j'attends qu'un fleuve se réveille et déborde à nouveau comme parfois le visage des autres. Pourquoi les gens les plus humbles, les êtres les plus cloués à leur décor, s'absentent tout à coup au cœur d'un regard qui les plonge dans le vide ?

Pourquoi la patronne du Café du Commerce a-t-elle hier laissé ses yeux virer au noir, personne ne s'est aperçu de rien, elle s'est déchirée en silence, l'espace d'une seconde, puis les eaux de son front se sont refermées, il ne s'est rien passé, mais pour moi si, et le mystère de cette offrande est comme Dieu tirant les âmes à lui, et sur ma chaise devant ma bière, je souris au néant.

Si vous affirmez qu'il y a un puits sous la maison tout le monde vous croit. Si vous racontez, accoudé au bar et comme pour faire une confidence, qu'un peu d'éternité a débordé des yeux de Solange, je n'ose imaginer ce qui va se passer. On vous insulte, on vous méprise, on vous foudroie d'un rire. Mais après tout, la foudre...

Chaque matin, je me prépare à exister et je n'arrive qu'à cette pauvre présence d'arbre foudroyé, de flaque plus ou moins vivante selon les averses.

Dieu n'est rien, rien d'autre que Dieu, le dire est un supplice. L'essence du miracle est sa durée et la forme qu'il manifeste dans l'insignifiant.

Alors rien n'est plus beau que la mort, personne n'ose plus le dire, je parle de la mort tout de suite, ici maintenant, quand je suis partout, dehors et dedans, là et nulle part, ça s'emboîte, la mort emboîte définitivement le moi à la ligne pure de l'horizon, rien n'est plus beau que la mort sauf une caresse inachevée, ouverte, un effleurement des doigts sur une peau écarquillée, et c'est la mort tout de suite, la danse avec le plus vaste, ma peau touche terre, mange les cailloux, les herbes, les mouches et les sauterelles, les papillons dans mon ventre jouent avec le miel des abeilles sur des fleurs invisibles, jamais cueillies, des fleurs plus rares que les vraies. Si je ne vis pas ma mort, les ombres enterrent ma chair et la retiennent dans la noirceur de la nuit. Ça brille mais ce n'est pas la lumière.

ANTOINE EMAZ

(1955)

Une falaise, un sentier de douanier, comme de l'enfance. Les lieux fondent, se mêlent, longtemps. Et puis d'un bloc, un jour, la terre a reculé de plusieurs mètres ; le chemin a croulé, amas, il est en train de finir plage lisse à marée basse.

Tombe, non pas tombeau ou stèle.

Tombe dans la pluie, le vert et le sel. Pays loin en mémoire émergeant de nouveau, devenu pays d'une dalle, d'un corps nul maintenant commençant son parcours vers le vent dans les dunes, ou d'anciennes paroles soufflées.

En face de quoi au juste ? De ce qui est mort avec, ou bien vif encore ? En face on ne sait de quoi ; ça délabre sans ruiner. Un pan, un bout de falaise a lâché ; le reste tient.

Violence de mémoire, puis un rire sourd secoue, dessous. Rire monté de terre. Et le corps se rétracte autour

reste un pays de vent d'ombres – dunes – au bout la mer – comme si on ne pouvait couper la séquence là dans l'œil

reste et résiste un paysage de sable d'avant ce temps d'une vie – longues dunes et pays terne qui remonte avec ses herbes maigres – sans qu'on sache

ou bien ces escaliers roulants de ciel de vagues ou bien ces matins quand l'eau mate monte au bas de la falaise – de loin comme un liséré d'ocre mort

pays froid mais froid ne dit rien dans le bleu du matin et la lumière si nette lavée sur les cailloux laissés quelques heures par la marée

qu'au moins soient retenus autant que possible le sable et ce qui dure encore après – cette espèce de mouillure grasse tellement c'est sable

Boue
(Deyrolle éditeur, 1997)

XAVIER HOUSSIN
(1955)

La statue derrière les grilles.
Pierre nue
Petite fille.

La rue à cloche-pied qui descend.
Paupières closes
Ménilmontant.

J'ai conservé à l'aine
un souvenir de toi.
Trois petits points bleutés
dans l'effleure de mes veines.

C'était ce temps lointain
où nous étions dans l'Aisne.

Les jours de la semaine.

Cette abbaye sans toit.

Un deux trois dans les bois.

Je pense à toi
Lointaine.

La nuit à Orléans
et la Croix-en-Touraine.

La vigne est arrachée.

Printemps lent.
Pauvre peine.

C'est le bâillon des doigts dans le chaud de la bouche.

Mains mâchées.
Bras en croix.

On vit comme on se couche.

Rue du Moulin-Saint-Tron
Superstition d'automne.
Je compte les marrons et les pépins des pommes.

Plus besoin de personne quellle que soit la saison.

Moulin du Gué-de-Pont
Je rentre à la maison.

BERNARD POZIER

(1955, Québec)

LES PARIS PERDUS

I

Terminal Paris-Sud
gare de planches brunes
vieille locomotive solitaire
nous voici enfin arrivés

À la marquise du cinéma d'en face
Paris, Texas
il y a plusieurs années c'eût été
An American in Paris

Attablés au Snack Bar
croquant dans un Lobster Roll
sous le chaud soleil de l'été
South Paris Maine USA

À l'entrée du village
panneau de bois
en brun sur jaune
Welcome to Paris

II

Dans les brumes de la nuit
les néons murmurent *Paris Star*
un peu plus bas c'est *Clichy*
puis au centre de la petite place
un arc de triomphe de simulacre
Montréal
coin Rachel et Saint-Laurent

Nous repartons jusqu'au parc Lafontaine
vers l'obélisque de Debré
vaste fissure de la mémoire

Naître et vivre et mourir
(Écrits des Forges, 2003)

CHANTAL DE SANTI

(1955)

Sur un courant d'air ils sont arrivés. Amants et enfants. Un seul bagage, moi, tapis volant, tapis d'orient, sur le sable déroulé mes franges baignées, sur mes arabesques se sont endormies, ils sentaient la menthe, l'amour, les amandes. Ils respiraient la lune, la mer et la lumière, des grains de sable glissent sur ma soie. Je décolle droit devant moi. Je me joue des hautes vagues, fonce sur la première lueur, c'est la lune. Je rêve tant je connais le chemin. Aux falaises de la mer tranquille, je promène mon souffle, l'eau revient, le soleil s'éloigne, la terre se cherche encore. Moi, tapis d'orient, je les regarde, c'est pourquoi moi, tapis volant, je suis si content d'emmener ces deux enfants. Sur le ventre, côte à côte, un vase rempli de perles, ils en prennent quelques-unes et les lâchent dans l'univers, leur Oh ! est notre air, elles continent leur enchantement, attirer la lumière au fond des eaux troubles et douces.

Je suis les yeux de la nuit, jaune et noir, or et nuit. Feulements, cris d'oiseaux, je suis mon mâle et sais où sont mes petits. Sentir le vent et m'y baigner. Aux neiges, sur ma terre, j'étais blanche. L'ombre me dit que je suis faite pour hors avancer dans la vie de la nuit, car la lune peut me tuer, alors de ses quartiers en mes palmiers, je la suis, sage, noire et brillante, panthère noire qui s'allume à la lune, qui s'éteint aux humains.

Ils avaient le sens du sport et celui du pire, ils prévoyaient loin mais ne voyaient rien. Un rat par habitant, deux rats par flic. Habillés par poussière, chaussés par misère, haut les cœurs ! hissez haut. Les laboratoires n'avaient plus rien de souterrain et tout de central. L'œuf de l'œuf dans l'œuf. J'aime Voltaire, vive l'hiver, la médecine faisait de grands pas. Les civilisés cultures pourraient remplir un questionnaire pour avoir l'enfant de leurs règles. Ils avaient le sens du score et celui du vice. Ils avaient les droits de l'homme, mort ou vif.

Une petite fille papillon éclate de rire. Deux bracelets de vignes entourent ses poignets et ses chevilles fines, un collier de feuillage et de perles mêlés sur sa poitrine enfantine, à ses yeux de couleurs joyeuses, je la reconnais, c'est Vénus enfant qui s'amuse avant d'être muse. Elle habite encore le monde des cieux, regardant son Dieu de père, au fond des mers. Elle est rose et nue, caramel ou vanille, selon les lueurs. Ses longs cheveux ne peuvent cacher ses ailes de papillon noires et turquoise. Elle épluche des grains de raisins qu'elle lui donne à croquer. Exquise, elle sourit des yeux, en lance un en l'air et précise, le gobe. Elle envoie un baiser et le laisse rêver seul, s'envole gracieusement.

ALAIN BRETON

(1956)

TRACES AUTOUR DE LA SOURCE

Ma mère, tu le sais,
je suis toujours la grenouille de sang entre tes cuisses,
je pends encore dans le labyrinthe de l'air,
je reviens vers tes mains d'heures innombrables,
sur ton ventre tambouriné.
Je fus le dessein, le sans-corps, l'éponge solaire,
puis la tête hantée par le lait sans savoir.
Ma mère, l'Arche aux doigts durs convoqua le chevreuil.
Tu le sais, c'était hier.
Qu'es-tu devenue après tant de guet, de souffrances ?
Ton cœur m'a lancé dans l'espace,
ta peau arquée contre le filigrane en feu.
Tu m'as donné des yeux, des jambes,
un prénom, des entrailles et un sexe,
le droit de rêver aussi, mouillé des turbulences
du terre-plein de ton ventre – ô laine lyrique,
ma peau chaude.
Ma mère, depuis lors, tu planes au-dessus des saisons.
Sans doute ai-je quitté le seul lieu sûr, fracassant l'origine,
mais, serré comme piaf dans la lumière,
regarde :
sans cesse, je tombe sur le ciel.

LOUP-GAROU

à Clifford D. Simak, Richard Matheson
et Jack Williamson

Voilà que tu acceptes le jeu idiot, la gageure secrète. Oh ! tu le sais maintenant, le doute n'est pas permis, aux gestes que tu fais, tu vois bien que tu n'es plus *habité.*

Chien fou, lève, cœur cogné comme rose sure. Ce que tu voulais s'estompe viscère de sang. Neuf, tu n'as plus peur. Sous le poil, tu es un loup. Tu comprends. Ta formidable queue traîne, tu balances la patte dans un tonnerre de drogues, tout éclate quand tu gueules, tu es libre. Tu reviens, tu redeviens.

NIDS D'HIRONDELLES

Dans les grottes lugubres, ils montent et se promènent sur des parois.

Pieds nus, ils se frayent un chemin dans les bambous ligotés par des lianes. Quelques-uns payent de leur vie ces vertigineuses escalades.

Accroupis, ils tressent l'espace et grimpent dans l'air avec leurs fagots, étage après étage, pour mener toujours plus haut l'échafaudage.

Leurs sacs au sommet aspirent des coquilles qui seront sélectionnées puis vendues aux Chinois, miettes d'or du soleil.

Le vent masse les cimes des falaises où ils travaillent et qui les hissent parfois jusqu'à Dieu.

ÉRIC BROGNIET

(1956, Belgique)

Elle sort sous un ciel blanc
Pour ramasser, dit-elle
Des feuilles dans le jardin

On entend le vent traverser la forêt
Et son étoile y élut domicile
Elle parle dans la forêt

Elle passe avec ses lèvres
Dans les bois profonds
Et la forêt s'enflamme

Ce que nous perdons
Nous le gagnons

Ce que nous taisons
Parle pour nous

Cette blessure
Augmente notre sang

Je vous écris ceci du cœur même de l'orage
Dans un éclair de raison

Ô pressentie
Venant dans la forêt

L'ombre reculée
Peu à peu s'efface

Dans le bleu de la rivière
Mon amour, mon étoile

Mon feu de bois au bord de la rivière
Ma gratitude, ma pluie de printemps

Dans une nuit brisée
L'orage seul entendra mon fracas

Il ne saisit rien
Mais creuse ses décombres

À mesure qu'il se traverse
Celui qui écrit habite le monde
En nomade

Et ne saisissant rien
Il est *saisi*

Parole dite n'inscrit que perte
Mais le corps est léger

L'air, la lumière chutant
À travers les arbres

Seule l'éclipse verra
Leur rachat

Il regarde l'immobile
Le ciel épars vers l'ouest

La distance où elle est
N'abolit pas la synchronicité

Il n'y a d'absence
Que de soi à l'autre

Comme une pureté
Une respiration bleue

Tout énoncé à l'aube
Précédé de ses scolies

Nous avons su que la beauté
N'était point imaginée

Elle qui vient, traverse
La parole suffoquée

PATRICIA CASTEX MENIER
(1956)

X FOIS LA NUIT

L'intime,
la plus ancienne,

celle
qui nous rapproche enfin

des
pleurs des pierres.

*

Pour
la consolation,

la
familière, l'accueillante :

celle
du livre.

*

Mais
ses trains, passant les gares
malgré les noms.

Ainsi
le poème perdu,

front
collé contre la vitre,
corps debout dans le couloir.

*

Elle
n'a pas d'angle,

nos
pensées à tâtons,

à
l'aventure sans repères.

*

À
quatre heures coupée en deux,

ce
fruit dont on voit l'intérieur,

l'absence
de sommeil comme un noyau.

*

L'aurire
est son objet d'orgueil,

tel
un enfant contraire absolument,

qu'on
a pourtant tiré de soi.

MICHEL HOUELLEBECQ

(1956)

HYPERMARCHÉ – NOVEMBRE

D'abord j'ai trébuché dans un congélateur.
Je me suis mis à pleurer et j'avais un peu peur.
Quelqu'un a grommelé que je cassais l'ambiance ;
Pour avoir l'air normal j'ai repris mon avance.

Des banlieusards sapés et au regard brutal
Se croisaient lentement près des eaux minérales.
Une rumeur de cirque et de demi-débauche
Montait des rayonnages. Ma démarche était gauche.

Je me suis écroulé au rayon des fromages ;
Il y avait deux vieilles dames qui portaient des sardines.
La première se retourne et dit à sa voisine :
« C'est bien triste, quand même, un garçon de cet âge. »

Et puis j'ai vu des pieds circonspects et très larges ;
Il y avait un vendeur qui prenait des mesures.
Beaucoup semblaient surpris par mes nouvelles chaussures ;
Pour la dernière fois j'étais un peu en marge.

LE TRAIN DE CRÉCY-LA-CHAPELLE

J'aimerais bien avoir quelques contemporains
Quand l'insomnie creuse mes nuits, parfois, très tard ;
J'aimerais tellement rencontrer des regards,
Parler avec des gens comme on parle aux humains.

Muré dans ma méfiance et ma timidité,
La nuit semble si longue à mon cerveau malade
J'aimerais bien parfois avoir des camarades,
On me dit que je perds mes meilleures années.

Ah ! ces adolescentes que je n'ai pas aimées
Quand je prenais le train de Crécy-la-Chapelle
Le samedi midi, revenant du lycée ;
Je les voyais bouger et je les trouvais belles.

Je sentais battre en moi un monde de désirs
Et le samedi soir je regardais ma gueule ;
Je n'osais pas danser, je n'osais pas partir,
Personne ne m'embrassait. Je me sentais bien seul.

Je me méprisais tant que je voulais mourir,
Ou vivre des moments forts et exceptionnels ;
Aujourd'hui je m'efforce à ne pas trop souffrir,
J'approche de la fin. Je rejoins le réel.

FIN DE PARCOURS POSSIBLE

À quoi bon s'agiter ? J'aurai vécu quand même
Et j'aurai observé les nuages et les gens
J'ai peu participé, j'ai tout connu quand même
Surtout l'après-midi, il y a eu des moments.

La configuration des meubles de jardin
Je l'ai très bien connue, à défaut d'innocence ;
La grande distribution et les parcours urbains,
Et l'immobile ennui des séjours de vacances.

J'aurai vécu ici, en cette fin de siècle,
Et mon parcours n'a pas toujours été pénible

(Le soleil sur la peau et les brûlures de l'être) ;
Je veux me reposer dans les herbes impassibles.

Comme elles je suis vieux et très contemporain,
Le printemps me remplit d'insectes et d'illusions
J'aurai vécu comme elles, torturé et serein,
Les dernières années d'une civilisation.

Est-il vrai qu'en un lieu au-delà de la mort
Quelqu'un nous aime et nous attend tels que nous sommes ?
Des vagues d'air glacé se succèdent sur mon corps ;
J'ai besoin d'une clef pour retrouver les hommes.

Est-il vrai que parfois les êtres humains s'entraident
Et qu'on peut être heureux au-delà de treize ans ?
Certaines solitudes me semblent sans remède ;
Je parle de l'amour, je n'y crois plus vraiment.

Quand la nuit se précise au centre de la ville
Je sors de mon studio, le regard implorant ;
Les boulevards charrient des coulées d'or mobile
Personne ne me regarde, je suis inexistant.

Plus tard je me blottis près de mon téléphone
Je fais des numéros, mais je raccroche à temps.
Une forme est tapie derrière l'électrophone ;
Elle sourit dans le noir, car elle a tout son temps.

Rester vivant
la poursuite du bonheur
(Flammarion, 1997)

PATRICK RAVELLA

(1956)

L'APPRENTI JARDINIER

Les outils de mon père

Passé quarante ans, il est tard pour se lancer dans le jardinage. Faute d'expérience, on risque de fairc beaucoup d'erreurs. Aujourd'hui pourtant le soleil m'a semblé si bien tourné, le ciel si clément, l'herbe si drue, la terre si féconde, que l'envie m'est venue d'un potager à ma mesure. J'ouvre le manuel de jardinage et je lis :

Leçon n° 1 : « Il faut plusieurs générations pour faire un bon jardinier ».

Je ne me laisserai pas décourager par cette remarque déplaisante. J'ai tout mon temps. Mes enfants, s'ils ne s'intéressent pas encore aux travaux de la terre, suivront un jour ma vocation toute neuve. Mes parents, j'en suis sûr, ne m'avaient pas attendu pour s'y mettre. Je me souviens de la vieille pioche de mon père, au manche poli par ses rudes mains, au fer brillant d'avoir fendu la terre. Et sa fourche pointue, sa bêche lourde, au tranchant devenu concave à force d'usure, sa brouette immense. Tous ses outils pourraient me servir aujourd'hui. Je vais trouver ma mère, je lui dis qu'il est temps de me remettre mon héritage. « Tu as raison, mon fils, et j'attendais ta demande. »

Elle ouvre une armoire et me tend un violon.

Je proteste. Où sont les outils de jardin ? Non, il n'y a rien d'autre, juste le violon. Mon père, paraît-il, n'a jamais travaillé la terre.

– Il ne jouait pas du violon non plus, que je sache !

– Peut-être ne l'as-tu pas assez écouté.

Terres

J'ai décidé d'acheter cinq ou six hectares, des arbres, un lac, des oiseaux. Une terre où l'on puisse respirer, se tenir debout à l'aise et voir venir. Mais il ne faut pas acheter n'importe où, n'importe quoi. Je veux commencer par un petit essai. Je trouve un marchand de terres. Il en a de toutes les couleurs, de la plus pâle à la plus noire. Il me recommande cet échantillon, par exemple, une terre de Limoges, d'un vert profond, très fine, facile à modeler. Il m'en a vendu vingt kilos. J'ai sculpté un petit buste, une statuette, le portrait de quelqu'un que je ne connaissais pas encore, ou d'un que j'avais oublié. Puis beaucoup d'autres. Pendant des mois, je ne pense plus à mon jardin futur.

Le creuseur de puits

De l'eau, il n'y en a jamais assez. On me conseille de faire creuser un puits. Je m'enquiers d'un artisan. Oui, il y en avait un, autrefois, fort capable et bien considéré. Après avoir fait des puits dans toute la région, il en creusa pour son usage au bout de son jardin. Mais, lui qui détectait partout l'eau la plus pure, dans son propre forage il ne trouva que de la mélasse. Heureusement, il y avait cette fille qui vivait au fond du puits. Dès qu'il avait envie de la voir, il la faisait monter le long de la corde. Prévenante et docile, elle se prêtait à tous les jeux qu'il pouvait désirer. Quelle merveilleuse amante ! Prodigue de caresses délicieuses, d'inventions toujours nouvelles, ignorant la fatigue, elle éperonnait les nuits de ses talons noirs. Quand le sourcier en avait assez, elle retournait à son gouffre. Lui qui aurait bien dû se taire, il se vanta. On se mit à lui réclamer, non des sources d'eau pure, mais des puits de mélasse. Il fora tant et plus, ne trouva que le roc ou la fange. Ce qu'il avait accompli par hasard, il ne pouvait pas le refaire. On le soupçonna. Voulait-il garder pour lui seul le secret d'une volupté si facile ? La jalousie enfla dans le canton. Un jour, une bande d'hommes en colère envahirent sa maison, brisèrent ses meilleures bouteilles, l'attrapèrent sous les bras et le firent basculer par-dessus la margelle. Ils comblèrent la fosse avec de la ferraille, de grosses pierres et du remblai. Bientôt des ronces vinrent à pousser sur les vestiges, on oublia le puits pour toujours.

Les hirondelles

Je n'arrive pas à compter les hirondelles sur les fils électriques. Leurs ombres menacent toute la campagne, le ciel noircit derrière leurs millions d'ailes, les poteaux grincent sous leur poids. Les câbles électriques balancent au vent, se tendent comme la corde de grandes catapultes pour les propulser d'un continent à l'autre. Soudain, le peuple des hirondelles envahit l'espace à grand bruit. Le ciel est si transparent. Où pouvaient se tenir tant d'oiseaux, invisibles tout l'été ? Ils sont venus si peu, ils étaient si furtifs, ils s'élancent aujourd'hui en nombre dramatique. Quand ils sont des milliards, invincibles, ils ne se gênent plus pour nous abandonner. Ils triomphent, ils tambourinent, ils font vibrer les toits des villages pour marquer leur passage.

Le compte n'est pas juste, je demande qu'on m'explique. On me dit qu'en automne il faut rassembler, encadrer, guider tous les jeunes parus dans la saison. Au printemps, lorsqu'ils viennent, les oiseaux connaissent le chemin, deux ailes leur suffisent, chacun se pose où il veut, le groupe se dissout en silence. Moi je devine qu'autant d'oiseaux s'envolent, à l'aller, au retour. Et que bien peu survivent à la migration. La multitude, épuisée en vol, a chuté dans la mer.

JEAN-MICHEL ESPITALLIER

(1957)

SILENCE, VOL, MOBILITÉ

Tous les vases exposés au contact de l'air se recouvrent silencieusement d'une mince couche organique, résultant de la condensation à leur surface des produits de la respiration silencieuse de l'homme, des animaux et d'une foule d'impuretés provenant de la combustion, des matières minérales, végétales ou animales qui voltigent silencieusement dans l'air. Si on essaie de nettoyer le verre avec une toile, malgré que l'œil puisse être satisfait, on ne parvient pas à enlever cet enduit mince, ou bien si on parvient à l'éliminer, on en substitue silencieusement un autre provenant du tissu qui a servi à nettoyer, de façon que quand on remplit silencieusement le verre avec de l'eau, cet enduit se détache en silence et s'étend sur la surface silencieuse du liquide.

LES HORLOGERS

Les horlogers anglais se servent généralement de quatre espèces de pièces d'horlogerie. Un horloger d'Edimbourg a jugé préférable (mais inférieur) de conserver intactes, pendant des années, les plaques en laiton.

Les horlogers français considèrent ces objets en laiton. Ils ont énormément de considération pour les objets en laiton. Énormément d'admiration pour le laiton.

Certains horlogers anglais donnent dans l'heure. D'autres dans le laiton. D'autres encore déplacent les volets.

Les horlogers anglais et leurs collègues les horlogers français souhaiteraient plus de laiton et moins d'horloges et plus de temps pour les clochers et moins de laiton pour les montres et moins de clochers à volets.

Quant à la mesure du temps, elle se fait au moyen d'un sablier.

MAUVAIS LIEU

On doit choisir un local particulier, ou mieux, des lieux frais (les caves). L'air doit s'y renouveler facilement. L'atelier doit être cimenté et avoir une pente et des rigoles qui communiquent avec plusieurs vases placés dans la terre. Il doit avoir une citerne en plomb et une chaudière pour entretenir une chaleur régulière, divers appareils pour nettoyer les petits, un étage pour les agents un peu louches, une cave pour les vieilles.

Gasoil
(Flammarion, 2000)

HÉLÈNE DORION

(1958, Québec)

Sans mesure, le souffle du pianiste
s'enfonce dans la tempête. Les vagues

avalent la côte des souvenirs
où repose ton enfance.

Dans ta bouche, les mots brûlent
ne laissent que des syllabes cassées
– chaque fois le pain, chaque fois le vin –
mais le mal s'enfonce encore.

Le jour continue
derrière la ligne frêle, l'ombre
des visages enfin s'apaisera-t-elle ?

À coups de griffe sur la dure matière
le menuisier creuse la surface
du monde, entame la chair
fouille les poches du temps.

La tête appuyée contre l'échafaud
il pense : me déguiser en dieu
danser dans les mains du désordre
jusqu'à la pierre, jusqu'à la boue.

L'errant, sur la route
voit la maison. Un flot de nuages
l'embue, – un monde désagrégé

l'image envolée
la mélodie perdue
le mot échappé

que tu retrouves pas à pas
pour que l'aube, pour que la nuit
et la vie tiennent
à nouveau fermement.

Sous le ciel calciné
le bâtisseur s'affaire dans le noir
tire les ligaments invisibles, cherche l'arbre
cherche la falaise.

Il dit : tant de poutres
soutiennent notre vide
comme s'étirent des racines
jusqu'à effleurer l'os.

Sans l'affaiblir, la pierre secoue l'obscurité
l'eau atone, la terre gisant au milieu.

Et le maigre abri nous invente
maisons de flammes et châteaux de sable.

ARIANE DREYFUS

(1958)

KOSOVO XXᵉ SIÈCLE

Le camion accélère
Par grand désir d'écraser cet enfant.

Je ne crois pas que j'écris
Mon encre ne peut pas s'appuyer sur ces corps, ils ont moins de place qu'un seul de mes mots ici. La folie ne peut pas rentrer dans les livres.

On les bouscule, ils se bousculent
Ainsi s'élargit la tombe déjà ouverte –

L'homme lève les bras en même temps qu'en pleurant.
Et vous, si on vous comptait, si après on vous mettait dans une colonne ?
Avec des larmes pour ne rien changer à la boue.

Les femmes jeunes glissent
Le sexe enfoncé se tord dans la tête. Si elles reviennent, ont perdu les mots comme on perd ses dents.

On a beau déguiser la petite en grand-mère
Ils l'attraperont en fille par la jupe
Puis, l'exaspération, jusqu'à trouer, devant l'indéchiffrable clarté d'un flanc, seulement enracinée dans sa douceur. Tout à l'heure.

ADAGE

(Si vous croyez que l'hiver sera supportable sous les tentes)

Recommence à tourner la tête
Toi, ou moi avec toi. L'angle de la mort – pour un angle – n'est pas si exact.
Danser, pour le reflet d'un très jeune gouffre, dans les yeux.

Réajuste l'angle du pied vivant,
C'est encore un moment senti, sans garde.
Ou celui du sexe qui se lève, modeste signe répété.

Nous sommes faits ensemble, c'est l'occasion qui dure
Bouger avec assez – tu le montres –
D'équilibre pour que la face
Ne glisse pas.

Même le plus petit coincé tout en haut du tracteur, ou l'autre mutilé d'oreilles, le visage reste au centre.

Ma danseuse d'aujourd'hui, répète-nous
– Pour moi, c'est déjà dit et pénétré –
L'utilité sans un mot
D'ouvrir les bras si les bras restent
Si la tête
De la pencher le plus possible pour la redresser

Après l'autre côté.

Les Compagnies silencieuses
(Flammarion, 2001)

EMMANUEL MOSES
(1959)

VIEILLES CONVERSATIONS

Il s'était souvenu de vieilles conversations avec les uns et les autres,
De viatiques qui lui avaient semblé hors d'usage,
Dans une pièce occupée presque entièrement par un piano quart de queue,
Alors qu'au milieu de la place le lampadaire grésillait,
Petite place allemande et orientale ombragée par un pin,
Mais surtout sur le banc à Greenwich,
Le ciel immense, le soir qui tombait
Sur la ligne des peupliers bordant la pelouse
Où des enfants jouaient au foot, des gens promenaient leur chien,
Quelques vieux prenaient l'air avant de retrouver l'atmosphère confinée,
L'odeur médicamenteuse de leur chambre,
Un bimoteur amorçait son atterrissage vers un club voisin,
Mim lui avait dit il faut pouvoir parler de soi
Ou bien on ne parle finalement que de soi,
Le ci-devant briseur de cœur de Moscou à Czernowitz,
Le guitariste aux boucles claires et à la moue enfantine,
À présent un petit homme approchant la cinquantaine,
Courbé, au sourire timide d'émigré,
Avec son pull à grosses mailles, ses bottines bon marché,
Le fatalisme amer de celui qui a connu l'espoir,
L'a vu grandir et s'envoler
Le laissant seul avec son présent hasardeux sinon pitoyable,
Le deux-pièces dans une banlieue ouvrière, la course après le cachet,
Les économies de bout de chandelle,
Le fils demeuré au pays, la fille partie,
La femme durcie par sa vie d'épouse délaissée, trompée,
Manifestant par chaque geste, chaque parole,
Qu'il est trop tard pour tout recommencer,
Qui se contente de dériver sans opposer la moindre résistance,
Avec une patience infinie,

Car qu'a-t-elle à attendre qu'elle n'ait perdu,
Même Grad, arpentant l'appartement de long en large,
Probablement déjà envahi par les métastases,
Avait montré des réticences,
On ne cherche pas impunément à échapper à son Tout-Puissant,
Serait-ce en embarquant pour les lointains,
En s'étendant sur son bat-flanc et en se laissant prendre par le
  sommeil,
Lui s'était brûlé les ailes –
Personne d'autre ici, entre l'hôpital Saint-Louis et l'Institut Curie
N'avait eu le cran de le faire –
Et nul ne serait sauvé à moins de s'engager sur le même chemin,
Âpre, dur.

Le Présent
(Flammarion, 1999)

ISABELLE PINÇON
(1959)

LES CHOSES QUI VONT VENIR ICI

Chapitre au début

(1) Allions commencer sans vous parce que vous êtes si tellement introuvable (2) Nous serions tous les deux bien photographiés jusqu'à ce jour où je vais déclencher la rencontre et amoureusement et typiquement (3) Je suis à l'envers de la situation, un peu évasive, retournée recourbée, en instabilité croissante (4) Je m'étonne du trou que fait un mot quand les forces ennemies saccagent le papier blanc à blanc (5) Forcément je dois écrire un roman qui vous tiendra parfaitement dans mon abri et c'est une tâche à la fois, à cœur joie (6) Je mâche un crayon de l'âge que j'avais (7) La chambre est refaite, les fleurs poussent normalement, personne n'ira mal.

---

(1) Pouvons-nous nous asseoir, c'est-à-dire avant la dispute, vous sur le lit, une position à définir, moi sur la chaise, comme sur une chaise (2) Rien n'est précis dans le ton de la voix, pour l'instant l'avion passe au-dessus de coco car les voisins se sont emparés d'un coq qui lève le jour toutes les cinq minutes (3) J'emploi des expressions faites déjà vues, de sorte que le paysage reste (4) Indéfiniment la campagne nous pend au nez (5) Vous êtes occupé à choisir les arbres les plus forts (6) Vous sur le lit en train de remuer les obstacles, moi sur la chaise comme une chaise, je décide de sortir de l'armoire quelques soleils brillants et encore beaucoup d'autres propositions pour égayer le monde, petits feux de camp jusque fracas d'obus (7) Ce lit est une montagne de sel car très récemment j'ai rencontré des paludiers.

---

(1) L'ambiance n'est pas calée, il y a des bâtons d'encens, vous reculez comme si le lit avait un toit (2) Prenez la position du bouddha si cela vous chante, nous pourrions traverser l'Orient (3) Les pieds du lit sont des piquets, j'enfoncerai chaque coin dans la terre parce que la chambre autrefois était un champ à herbes et les vaches (4) Nous allons construire un dialogue, la belle végétation pousse à bientôt, j'irai à la bibliothèque choisir les bons livres de jardinage (5) Vive les plantes vivaces, mort aux plantes carnivores car autrefois nous avons dérangé beaucoup, nous avons ravagé trop et tout est sec, folie des hommes (6) Les mots n'ont plus force de monter et montrer comme c'est droit le bois alors sans arrivée d'air comment sentir votre haleine et les petits animaux qui fabriquaient l'histoire du soir (7) Je veux manger à ma faim, je veux que vous soyez le premier de mon appétit.

---

(1) Une pluie fine à mouiller les mariés, une pluie de riz comme il neige depuis (2) D'un seul homme entièrement nue je marche mais l'entrée n'est pas facile (3) Je suis féminine dites-vous à force d'écarter de sorte que ce qui est à voir par vous en moi soit béant et *je dois pouvoir te pénétrer à tout moment* (4) La pornographie fait de longs dessins avec les *mots*, la grotte est ouverte vingt-quatre heures car l'ours a laissé une empreinte longue de vingt-quatre millions d'années, c'est-à-dire beaucoup d'hommes qui viennent dessus les femmes et beaucoup dessous (5) Les lèvres d'une femme sont plus nombreuses, vous êtes d'accord (6) Les visiteurs mettent un pull en descendant vers l'humidité, émettent une opinion, glissent et disparaissent dans un râle (7) J'ai envie que le lit soit multiple de deux au lieu de chacun ailleurs, ensuite nous regagnerons nos places, le travail du jardin que je prépare doucement.

CHRISTIAN VIGUIÉ

(1960)

Même si tu te taisais
on continuerait à mourir
à jeter dans la cour
un seau plein d'étoiles
Voilà pourquoi tu dessines
des mains et des oiseaux
une brindille qui ne brûle pas
pour t'accoutumer à l'impossible
ou à son bégaiement.

*

Tu trouves en chaque chose
de quoi réchauffer l'univers
ainsi la carafe qui arrête net
le ciel
la conscience d'être plus un souffle
qu'une pierre
rituel très lent d'un arbre
qui veut prendre le jour.

*

Lorsque tu disais
la source de l'homme c'est l'impossible
il y avait du ciel qui glissait
des mots qui s'ouvraient
sur des fenêtres
pour voir
simplement pour voir.

*

Peut-être que la nuit aussi
attend le geste pur

de jeter son nom
dans le vide ?

*

Qu'as-tu à ramener ?
Quelquefois c'est seulement la neige
ou un corbeau qui sort
d'une phrase.

*

Il n'y a jamais eu en toi un centre
ni la puissance d'un ciel
qui s'effondre
peut-être quelque chose de transparent
comme l'affolement d'un merle
qui traverse la mare.

*

Bien sûr qu'il fallait détruire
choisir entre le parfum
d'un caillou et d'une rose.

*

Le mythe de porter en soi
une roue ou la lumière brisée d'un dieu
te fait sourire
comme lorsque tu étais enfant
et jetais dans la mare
une pierre
qui irisait et recomposait
le vitrail de l'eau.

CHARLES DANTZIG

(1962)

ACCIDENT, DIMANCHE SOIR (CATHÉDRALE AU LOIN)

Les grandes araignées aux campagnes du Nord
Se campent sur les mains en soulevant les coudes
Exhibant leurs bustes tatoués
De roues en souvenir des drakkars de labour
Et sur les langues rêches des routes
Observent les autos qu'écrase une tapette

Dame Nature essuie à son torchon ses mains sanglantes
S'ôte une écharde de carrosserie et rit

Douché de rouge par un gyrophare
Un chien aboie cambré de colère
Des têtes lentement se tournent dans leurs aquariums

FRAGMENTS D'UN MUSÉE DES YEUX

1

Blanc de l'œil laiteux d'une très jeune enfant
Je te revis un jour chez un vieillard d'Agra
Empaqueté de même en des langes malpropres.
– Et même iris velours qu'envierait un caniche.

2

L'albinos est un papillon.
Pudique
Son œil volette
Fuyant la vie, rêvant cocon.

3

Lavés à grande eau
Levés en ogive
Dans la tête-olive
Les yeux d'un Greco.

4

L'œil cerclé de panda
De l'acteur de muet
Lèche câlin la peau de la diva.
Les siens par les côtés s'écoulent de tristesse.

5

Qu'il jouera gluamment au billard
Le tortionnaire extirpant de sa poche
L'œil ivoire aux mille orvets de sang
Du Nigérian qui fut son mercenaire !

KARELLOGIST

(1962, Belgique)

Elle a quinze ans et deux yeux noirs. Elle a
trois colliers de perles de bois
qui applaudissent la naissance de ses seins
Elle tire la langue quand elle sourit
aussi quand son piercing la gêne

Elle dit qu'elle voudrait un enfant mais plus tard
Dans la soirée elle va chez des amants
de blonds amis barbus qui la font beaucoup rire
et triste par moments

Par la vitre du bus, elle regarde pleuvoir
Ses yeux mesurent leur pouvoir
d'arrêter tout cela, la pluie et la vitesse
cet horizon qui fume, ce présent qui bafouille
et la cuisse contre la sienne
de l'homme qui la fixe en feignant de relire
un semblant de poème.

C'était une nuit de grand cynisme
La lune pleurait des marées
On avait mis des chiens à table
des colliers de larmes de loup
autour de la gorge des filles

Chacun voulait battre son fou
mais les fous ne se montraient pas
et restaient assis en silence
dans les coulisses du paradoxe

Des enfants parlaient de me pendre
de me livrer aux fourmis rouges
puis de me faire brûler vif

Et j'avançais à pas prudents
dans le sillage de leurs jeux
en faisant flèche des serpents
lovés autour des jours heureux

Les demoiselles d'honneur
Dans la cage de verre :
Un ours les déshabille

Les demoiselles donneuses
Dans la cage d'haleines :
Un autre les met en pièces

D'honnêtes demoiselles
Que jouent à pile ou face
Entre deux ascenseurs
de fins garçons d'étage
que la danse des ours
à l'hôtel a laissés
exsangues mais en vie.

JEAN-YVES MASSON

(1962)

NEUVAINS DE LA SAGESSE ET DU SOMMEIL

XXX

Bagues sur des doigts invisibles, quand je viens,
astres anciens, peut-être morts, contempler la danse immobile
de ces mains oubliées qui firent signe sur le ciel,

perles au cou de l'enfant divin qui puisait
de l'eau à la fontaine ou versait le sommeil
du haut de la toile nocturne, beau théâtre !

je vous revois tels que vous fûtes, je suis cet éphémère
qui ne sait que vos noms humains murmurés par les siècles
et qui cherche à saisir le tremblement du temps,

XXXI

Ce sont des voix, des voix qui vont parmi la calme
archaïque splendeur de cieux imaginaires, des voix qui font
trembler de solitude et de beauté le cœur,

filles des larmes et du sel elles demandent
à quoi bon célébrer, à quoi bon insulter ou maudire,
quand la mémoire même est tissée d'oubli noir

comme le vin trop longtemps fermenté. Des voix, des voix
qui vont parmi l'espace et toujours se demandent
pourquoi le regard juste est celui du réveil.

XLVI

Est-ce encore le deuil ou déjà l'oubli qui s'avance
entre les tombes blanches, et désarmé
qui pose avec des gestes veufs une lumière

près des noms lentement effacés ? Les arbres dans le vent
s'inclinent, c'est le soir, mais sous le verre
immobiles brûlent les lampes sans faiblir.

Un oiseau dans le noir vient boire près d'une tombe
puis chante dans l'oubli de sa tristesse,
puis s'envole, puis disparaît. Et vient la nuit.

XLVII

Toute une nuit passée à écouter la mer
comme au temps de l'enfance, et sa longue rumeur
de vent et de brume légère, vague après vague.

Puis au matin, quand la lumière impose
nouvellement ses mains de feu sur l'onde
au passage d'oiseaux fidèles, il suffit de marcher

sur le chemin de ronde pour que soudain
la mémoire fasse silence. Les mots de nuit
et tous les mots teintés de jour : une seule, une même voix.

XLIX

Fruits nocturnes du temps sur l'arbre de souffrance,
aux branches suspendus qui semblez d'autres astres,
célestes qui dormez au-dessus de nos peines,

fruits d'ombre, fruits du sang, veillez, veillez ce corps,
veillez ces mains gercées par le travail des jours,
ô sphères, ô nudités parmi les branches noires,

fruits fraternels, gardiens de ce sommeil dernier,
porteurs de toute connaissance, vous rares fruits de patience
qui dormez notre mort et mûrissez sans nous.

L

Soudain il fut midi sur ce chemin de terre
    où je m'étais aventuré, et la lumière
        trop lourdement pesait sur les blés alentour.

Et partout dans le tremblement du monde j'entendais
    les voix de la folie amère qui guettait
        ma pauvreté errante.

Hélas, je tends l'oreille et je cherche à entendre
    ta voix qui maintenant dans les vallées de l'outre-monde
        erre très lentement et peut-être se perd.

PHILIPPE BECK
(1963)

« We – prone to periphrasis »
Emily Dickinson

Émilienne regrette un peu cette pente.
Il faut un direct et du direct.
Désimmédiat/
Un rude sanglot ? Oui.
Mais pas dans la Dense.
À condition que la Dense para-
et périphrase l'amour qu'elle
a dedans.
Je suis riche une fois de plus.
(Donc, je ne suis pas riche constamment.)

S'embarquer dans quoi ?
Le *Nerf*. J'attends toujours
le Nerf (celui où devenir
un bon crible, qui laisse
aller le bon qui tombe
dans le bassin, d'où commencer à remonter ;
Et surtout passer au nombre
des personnes qui en ont bien besoin).

avion = barque avec des ailes ?
Ailes, en quoi ?
Ailes d'avion. Cargo
avec des ailes. Barque à voiles rudes.

(Si je marchais trop,
que deviendrait le bon ?
Il ne serait pas là sans cesse.
Il n'est pas là aussi heureusement
aujourd'hui.)

Merci au loin
des mélodiques nerveux,
tireurs, fêtants
honorables : loin,
ils me laissent
avec le bon qui est dans ma tête
si je ne suis pas athlétique
ni flapi.
Le bol
dont l'eau monte
ou descend reste
quelqu'un.
Quelqu'un en est un.
Dans une chambre, il y a
des variétés d'eau,
des leçons obliques.

Je n'arrive pas à dire :
les amitiés périphrasées.
Herr Doktor y arriverait, lui.)
Chacun
est une espèce de coupe.
Tout le monde n'est pas
identiquement coupe.
(Le bol est une coupe heureuse.)
On ne gagne pas
comme on gagne un rivage.
(L'arrivée sociale par la p. laisse pensif.)
Elle ne vient pas
du trictrac.
La coupe est mieux que pleine.
C'est une fortune, pour des gens.
Elle en peut toujours.
Comme tout Denseur.
Huilée, elle n'en peut plus parfois.

Essuyer des plâtres ?
Lesquels ?
Si on est seul,

un jour on sait
que c'est d'accord.
D'après
le tout seul,
qu'on a été, indépendamment,
avec les inventeurs du O.K.

Dernière Mode familiale
(Flammarion, 2000)

JEAN-LUC FAVRE

(1963)

Poésie
hors de soi

produite

animalière

ramenée
en son sein

pose
l'invisible

et la plume
et l'écrit

totalement
inexacts

danse moins
longtemps

parcourent

chemin
de croix

roule
la poussière

promus
dans l'écart

comme chance
du cercle

non
d'atteindre

si près
du but

ou silence
ou blancheur

fausse joie
ou crève

de l'invitation

car poésie

si bien
chantée

comme muse

depuis
que siècles

après
siècles

*

d'ici
la mort

trop de
désordre

alors
quoi

renoncer
à crève

à temps

briser
la glace

ô beau
visage

à couleur
sombre

rêver
non feindre

ou d'écrire
langue basse

et promettre
ce joli monde

rire sur
ta joue

et indistincte
blancheur

de voix
surgie du vide

vacille

comme
naufrage

et se tait

THIERRY RENARD
(1963)

JEAN CHARLEBOIS

« Les mots qui nous appartiennent, qui sont-ils
les mots *chambre froide* empêchent de dormir. »
Jean Charlebois, *Près des yeux, près du cœur.*

1

il y a des aubes
qui nous changent la vie
des aubes qui abolissent
la distance le temps
hier au-dessus du Labrador
aujourd'hui marchant à découvert
dans les rues de Montréal
guetter le moment qui viendra
traversé par la lumière
il y a des aubes
qui sommeillent en nous
prêtes à naître prendre corps racine
des aubes qui connaissent
les brûlures de l'impatience
aube toujours prête à abolir
la frontière qui sépare
les porteurs d'une même langue
d'un même nom du même livre
aube qui librement
nous accueille en ses flancs

2

Je ne saurais dire pourquoi
ces terres au loin gelées
font pour moi venir l'aube
et naître le poème :
à l'aube de nos rêves
j'avais crié crié pour ne rien dire
crié crié pour qu'on m'entende
depuis l'enfance mon chant
toujours m'est resté
dans la gorge

3

la nuit même
où nous nous sommes retrouvés
au Latini boulevard René-Lévesque
un arbre dans le monde tombait
abattu par la foudre
nombreux les poètes qui écrivent
pour quand ils seront morts
postérité peut-être
mais postérité du soleil
de la lumière
aujourd'hui plus personne
ne lit la poésie
hier sans doute non plus
et pourtant Jean j'entends
le murmure de ton chant

JEAN-CLAUDE TARDIF
(1963)

LA MARNE PAR INSTANTS

À Michel Bonanno

Sous le pont du chemin de fer,
une fois passé les tags
et le golf miniature étouffé sous les ronces,
(nous sommes dans une banlieue rouge)
Tu me racontes tes baignades
sur cette plage des bords de Marne.

À la ginguette des martin-pêcheurs,
l'on boit une théorie de bière.
Le bac à rappel a été supprimé,
une passerelle supporte maintenant
les jambes des femmes
et les rêves des derniers *Apaches.*

Alors que des pigeons faméliques et gais
guettent un rire d'enfant, un cri de pain blanc
dans le silence de la rivière.

*

L'ai-je déjà assez dit,
j'écris pour le petit monde

Albert le bûcheron de disettes
taiseux à couper le fil de sa hache
Désiré le cheminot assis
dans l'odeur des dahlias
Isidore le dresseur de grenouilles
que je voyais passer à l'aurore
une bordée de rosée dans la musette
pour revigorer les lapins

Ils me tiennent au ventre
comme un déjeuner sous la lune

*

Une plume sur l'escalier,
quel oiseau dort à étage ?
Un étourneau aurait fait plus de bruit,
laissé sa casquette au perroquet.
N'aurait-il pas *cassé une graine*
avant de monter ?
Quel oiseau dort là-haut ?
Personne ne l'a vu entrer,
blotti dans l'espace du palier
il dort tel un songe.
Est-ce une pie, un colibri ?
ou ce pierrot vulgaire que j'aime tant,
ver partagé dans la rosée.
Quel oiseau a dormi aux combles de la joie
dans le silence des enfants calmes

ENFANTINE

Ici les ours montent à cru
sur le chien.
Les enfants ont des jouets
rangés dans les armoires de leurs têtes.
C'est eux qui le disent.
L'hiver, il s'y fait des feuilles,
les oiseaux y font visiter leurs nids
sous des petits sacs de jasmin,
des gazouillis de lavande.
Rien que de l'ordinaire en somme
pour qui se contente de passer
sans même pousser la porte.

NATHALIE QUINTANE
(1964)

L'USURE DES CHAUSSURES

À quel moment puis-je dire d'une chaussure : « elle est usée » ?

À quel degré d'usure, à quel stade de transformation de la chaussure, intervient le jugement : « elle est usée » ?

Quelles sont les circonstances qui m'amènent à repousser dans le temps la formulation de cette phrase : « elle est usée » ?

Les signes extérieurs de l'usure sont-ils semblables d'une chaussure à l'autre ? Sont-ils constants ?

Une botte en cuir s'use-t-elle de la même manière qu'une pantoufle en feutre ?

Toutes les semelles s'usent-elles plus vite que l'empeigne ?

Jusqu'à quel degré d'usure la marche est-elle possible ?

Une chaussure s'use-t-elle même quand je ne la porte pas ?

Une chaussure est-elle usée plus vite par la marche, ou par les intempéries ?

Y a-t-il un moment, au cours de son utilisation, où une chaussure s'use plus vite (par exemple, juste avant « la fin ») ?

Quel est le laps de temps, limité par deux états de la chaussure, au cours duquel les différents degrés d'usure qu'elle présente permettent d'énoncer : « elle est usée » ?

Puis-je connaître la limite entre l'usure et la destruction de la chaussure ?

Quand je porte sans cesse la même paire de chaussures, est-ce parce qu'elle me plaît, ou par désir de l'user (i.e. « d'en finir ») ?

Est-ce vraiment par souci d'en prolonger la durée que je prends soin de mes chaussures ?

Une chaussure est-elle usée quand je ne peux plus la porter, ou quand je ne veux plus la porter ?

La même chaussure, portée par moi, sera-t-elle pareillement usée aux pieds d'autrui ?

Lorsque je parle d'usure, cela concerne-t-il le cuir de la chaussure, matière dont elle est constituée, ou la chaussure entière ?

L'usure change-t-elle la nature de la marche ?

L'analyse de certains paramètres (qualité du cuir, forme du pied, façon de marcher, aire géographique, climat de la région dans laquelle je marche...) permettrait-elle de prévoir l'évolution de l'usure ?

Est-ce l'achat de la chaussure, ou son usage, qui détermine la possession ?

Une chaussure usée est-elle plus « mienne » qu'une chaussure neuve ?

Quelle signification a le fait que je puisse regretter, voire même pleurer, la perte d'une chaussure ?

L'usure est-elle un « défaut », ou augmente-t-elle la valeur de la chaussure ?

L'usure est-elle de l'« humanité » ajoutée à de l'inanimé ?

L'usure comme processus a-t-elle plus d'intérêt que comme résultat ?

Chaussure
(P.O.L., 1997)

THIERRY RABOT

(1964)

Au-delà, au-delà, ce qui tourne dans ce dimanche (qui ouvre et clôt tous les livres) ce qui tournoie dans le froid d'octobre : ce qui montre au-delà l'existence de nos chairs, avant la forme du nœud, du double croissant qui fait lune pleine, ce qui s'est saisi de l'insensible et l'a porté dans notre chair.

Au devant de ce qui se mesure, nous succédons à notre perte.

(Un mois avant un an avant, l'arc du hasard s'est tendu, nous nous sommes bandés, dans la vie et dans la mort, en travers des gens, des bruits et des lumières électriques.)

C'est l'automne qui s'est reconnu, aussi.

Et toute la mythologie des arbres fauves éclaboussa le ciel, une fois que l'on en eût franchi toutes les orées, et tout se dispersa, et devant nous l'origine devint regard.

Avec quel ensemble sommes-nous revenus, à l'heure juste où la balance pèse le monde, revenus des ailleurs et des lames de fond, avec quelle liesse jusque-là retenue, avec quelle pureté divinatoire.

L'univers a croisé l'heure.

Nous sommes les arpenteurs d'un archipel dilué dans le temps, qui semons nos heures de soleil et de nuit au gré de la vaste mer molle, nous tenons dans nos doigts transparents le sel et la terre, l'opaque du verbe à naître dans notre prochaine interprétation de la genèse.

La douleur mue avec le reste et le poème reste avec sa blessure.

Le livrer, le livrer à la clémence du climat, le laisser onduler sur les draps, le laisser s'attarder aux vitraux de Saint-Louis, et l'offrir aux éloges que tu prononces doucement quand tu vois tout avoué dans sa chair d'encre, quand il vient dans ton sang, une forme de sang qui t'appartient.

Aujourd'hui me ramène à la raison des essences, à l'authentique de la vertu, un silence ouvert m'accompagne, tu n'es pas à mes côtés, il faut donner sa part au vide.

Le ciel commence à se vider de lumière, verse la vie dans sa veille où ne crépitera aucun de ce que tu nommes *les petits bruits du bonheur.*

Cette nuit sera chargée de l'arc, de toutes les mesures dans le dédale de notre céleste ressemblance, nous n'y serons pas seuls, sauf à vouloir garder la raison.

ABDOURAHMAN WABERI

(1965, Djibouti)

DÉSIRS

Désirs

je suis le bruissement du monde
le balancement inapaisé entre ici et ailleurs
la frondaison muette du cactus
le bois rugueux qui recouvre le gecko
les rais du caméléon jaune-soleil
le lit du livre-monde
où les pages sont autant des vagues de la quête
toujours recommencée

Après la pluie

et je sentis cette ville lavée par des cataractes
cette ville qui chinait et qui chlingue à présent

et je vis les têtes de ces enfants,
petits cailloux noirs dans les flaques et la boue

Ambouli, Achéron vainqueur,
emporta tout
dans sa grande fureur

et Balbala se morfond dans sa solitude renouvelée
souvenir d'un passé qui n'est pas si vieux

Trêve

je sème ma voix aux quatre coins de la ville
l'eau y dessine le temps
je mêle mon corps aux effluves remontant de la nuit
j'y noie mon désarroi
je cherche dans tes yeux nos querelles d'antan
les clans défaits tissent la toile de leur discorde
je demande aux plantes grasses de me rendre
ma tendre mémoire
  indécise tu écoutes les bruissements de ma brisure
  tu remets à demain
  l'approche de la nuit

Sans titre

je titille le silence sur les grèves de la mémoire
   un ange par-dessus mon épaule épie
      mon cahier suave
            et
les mots se cachent dans les plis des pages
      de peur que je ne secoue les draps
      par la fenêtre blanche
      et s'envolent d'un coup d'aile
      les secrets d'alcôve
      ma langue mouillée
      chatouillant le nadir de la feuille
où se meurt en silence ma semence
      vieille d'un instant

CARLE ZALBERG

(1965)

LES FORMES

L'épreuve

Elle ne se trouvait pas toujours
Le matin
dans le miroir éclairé cru
approchait encore
face contre glace
traits fondus au tain
et regardait fort
et voulait alors
que tout s'efface
cette image nue
ce début de jour
qui l'avait perdue

paupières pressées
elle attendait
puis s'ouvrait
reprenait son bain de lumière
tout y était
compte à rebours
corps gourd
rêvant du lit
et juste ici
cette elle inconnue

il faudrait aller au monde,
heure par heure
visage en masque
aller en leurre
l'air de celle qui s'est trouvée

GRÂCE

Elle avance
et voit palpiter l'air autour,
caresse qui la suit à pas de loup

Elle avance, avance
et sent que c'est un de ces jours
où tout l'enlace :
les regards, le vent, l'instant
ce qu'elle désire et ce qui l'attend

elle avance, avance, avance
laisse sa trace
de parfum, de lumière, de silence doux
c'est un frisson, une joie dense
et la voilà qui court.

DÉFAITE

Je cherche mon reflet
dans les morceaux de verre
sur mon chemin
Le sol s'ouvre quand je l'aperçois
Car c'est une autre que je vois
et tout autant ce que je sais de moi :
le visage illisible, trop-plein
où je me perds

en l'image filante il y a
ce que j'espère et ce que je crains ;
ne pas être,
me reconnaître
au dessin d'une route fausse

EMMANUEL HIRIART

(1966)

L'INCONNUE DE LA NUIT DERNIÈRE

1

Au commencement il jouait aux maths comme un enfant, pour la voir sourire. Il trouvait aux problèmes des solutions contournées, maladroites comme des inventions, et se méfiait des axiomes invétérés. Il aimait voir le dessin se préciser à mesure qu'il effaçait les plis de l'énigme. Dans la paix retrouvée il goûtait mieux ensuite les longues promenades, les gouttes de pluie retenues sous les branches, le bruit des pavés sous ses pas, le soleil sur le torrent de l'autre côté du porche.

2

Tracer un cercle C
En suivant le fleuve ;
Construire un triangle ABC.
Induire au moyen de sa hauteur
Une tristesse légère.
Ajouter un peu de couleur pour effeuiller le plan.
Inventer une courbe encore.
Equilibrer la scène avec un arbre.

3

La difficulté, disait le professeur, est de justifier la réponse. Si lourdement qu'on la couvre des formules rituelles, sa nudité paraît toujours en quelque endroit. Deux mots se chevauchent, une syllabe cloche : tout est à reprendre. Il refusait pourtant de se décourager et réservait, en attendant des jours meilleurs, la note maximale à l'hypothétique divinité que peut-être nous construirions un jour.

4

On démontrera par l'absurde
L'existence d'un point très doux
À l'intersection des parallèles.
Où s'abolit le plan.
On en déduira les corollaires suivants :
Un vol d'oies sauvages sur la mer en automne
Le soleil sur la vitre un matin d'hiver
Les pavés mouillés et la fraîcheur du soir.

5

Le jeu, une fois le théorème démontré, consiste à prolonger encore l'exercice. La pensée s'en trouve d'abord empêchée, songe longtemps à revenir aux errances ordinaires du langage. Les premières parties sont un peu fastidieuses même s'il arrive qu'un débutant semble gagner grâce à ses faux mouvements qui déconcertent l'adversaire. On apprend peu à peu. On commence à s'intéresser aux anciennes parties, on les étudie pour prendre quelques vies d'avance. On part en forêt des jours entiers, dès avant l'aube. Pour finir on abandonne tout à fait ou l'on risque son âme.

6

Soit un point B,
Une droite D.
Construire AB,
Parallèle à D
Puis la tordre et lui donner
Une asymptote inattendue
Prenant appuis sur ce point C
Qui nous est étrangement survenu.
En s'aidant de cette figure
Redessiner l'univers
À rebrousse-temps.
Tirer la langue pour la photo.

7

Au creux de la courbe le mot épuisé vient à manquer malgré l'exacte nostalgie du géomètre. Non que la raison soit faillible ou même impuissante (il est trop tôt pour de semblables hypothèses) : c'est à nouveau l'inconnue.

....

Il tenait la courbe fermement dessinée lorsqu'il s'aperçut qu'il était lui-même atteint d'incertitude. Rien de douloureux : c'est un vertige léger, comme au réveil lorsqu'on entend chanter dans le jardin.

8

Tracer à main levée
Un cercle C
Fixe et meurtrier comme l'œil
D'un épervier au repos ;
Lui confier la garde du temps
Et sortir au jardin
Pour profiter de l'arc-en-ciel,
Ivre comme Noé
De l'harmonie des nombres.

9

On appelle équation deux portions d'existence l'une à l'autre étrangères lorsqu'un signe soudain les réunit, solution son écho musical. De savantes architectures, arabesques, ogivales ou classiques, permettent d'approcher l'inconnue. L'érection de leurs tours fabuleuses réveille dit-on mais peut-être invente des souvenirs toujours plus profondément enfouis, désirés et mûris. Le plus curieux dans l'aventure est cette flottille de signes grecs tenaces comme le sang des innocents.

JACQUES KÜPFER

(1966, Suisse)

LA MÉMOIRE

La mémoire est une orbite noire

Enfants nous la parfumons
d'une étourdissante floraison d'étoiles
nous apprenons à compter le temps
sur les doigts de la lune

La mémoire est une orbite noire

Ce sont plus tard des univers entiers
qui y prennent vie
étreintes vides
l'acquiescement secret de la révolte
de la solitude
besognes stériles
nos regards usés au grand huit des horloges
et puis l'amour
cette rose cueillie au jour le plus rouge

La mémoire est une orbite noire

Saisons qui nous tombent des yeux
friables nous sommes tristes
quand la première étoile s'en va
plus tard ce sont les galaxies les plus intimes
jusqu'à nos larmes

TES DOIGTS DE CHEVAUX SILENCIEUX

La rose saigne
et le vent éparpille ses pétales
où es-tu Catherine

Crinière sinueuse de ton parfum
tes épaules de soie survolant mon épiderme
nos bras comme des ruisseaux
sous les sabres lisses du feuillage

La rose rouge de ta nudité
entre mes mains d'orage
et tes yeux qui mettent l'aurore
dans notre soleil

Je t'aime à pierre fendre

OISEAUX

Les oiseaux qui volent bleu dans ton ciel
ceux qui volent noir à minuit
sont invisibles pour la ville
et son verger de lunes électriques
mais coulent dans le sein de la femme qui allaite
les yeux du vieillard qui s'endort

Les oiseaux qui volent rouge dans ton cœur
ceux qui volent blanc dans la mort
sont invisibles pour la ville
et son veuvage de regards
mais coulent dans le voile qui s'enlève
l'amour à bras le corps

ALAIN MABANCKOU

(1966, Congo)

assise sur une termitière
le long de la route
une femme ployée par l'âge
pose une main sur la joue
le visage baissé
elle préserve l'énigme du chemin
qui mène vers le territoire

ici plusieurs ont failli
et ont dû revenir sur leurs pas

à l'instant de l'épuisement
ce sont les fleuves
et les torrents
qui irriguent les terres
du recueillement
pour étancher la soif
des distances

JACQUES ARAMBURU

(1967)

Tu seras là
toi, ma rivière

Moi
je te tends les mains

Parmi les îles
où se braconnent les plus beaux fleuves

pêche intouchable de la lune

Enfance, rais d'oiseaux
bouche de tournesol à l'affût du soleil

lorsque, rivière
chassant le feu de pierre en pierre

tu captures
les crieurs de conques

Rivière qui glisses près des toits barbares, rivière dans la flânerie des rides, rivière à tes sentences – nuages, bois, collines –, sérénissime à l'ouïe de contrebasse, tes mains s'ouvrent sur l'épeire, marqueuse au venin de diamant.

Parfois on jette des lueurs qui deviennent fleurs ou rocs selon que l'oiseau oublie ou n'oublie pas de franchir le seuil de la nuit. Une rivière l'attend.

Souffle sur l'oiseau
et laisse mourir les vitres

donne à la jupe
ses mains de buée

puis dors, tressé
dans un filet d'argile

tout en parant
les coups des astres

Soudain

une éclaircie

qu'ordonnent à la nuit

les odeurs

VALÉRIE ROUZEAU

(1967)

Mon père mon père mon père en terre au vent d'été au vent d'hiver.

Oh mon père terra terraqué je te répète perroquet mon père mon père.

Au vent d'hiver au vent d'été en terre entier au vent chanté.

Enfant dans les grands sapins verts c'était toi qui sifflais soufflais enfant dans les grands sapins blancs.

Mon père je te répète en l'air c'est une fleur lancée assez haut.

Les deux pieds dans tes graviers clairs.

Les mains pour la fleur ou l'oiseau.

Ils font leur bruit de manger les voisins en petite famille.

À leur table je prendrais du chou, du chou et puis des roses et je remercierais.

La vieille sensation de dire paa la bouche pleine de midi les mains pas bien lavées mes voisins de sept ans je les envie même engueulés pour ça.

Moi paa se laisse pousser les ongles et les cheveux et ne déjeune plus et ne répond plus de rien.

Pas revoir
(Le Dé bleu, 1999)

OLIVIER BRUN
(1969)

LE BONHEUR

Pourquoi le sang circule-t-il
dans des veines lointaines ?
Pourquoi le sang de l'une
ne se mêle-t-il plus au sang de l'autre ?
Pourquoi les tempes qui battent
et vibrent et battent rythment-elles
un monde qui n'est plus le mien ?
Pourquoi la danse du sang se fige-t-elle soudain ?
Pourquoi la danse est-elle muette et immobile ?
Pourquoi muette maintenant ?

(Muette est la vie, et sourde, et morte ?)

Pourquoi moi maintenant je dis le monde
avec des mots qui ne sont pas les miens ?
Les mots souffrent
quand on les prend, quand on les jette ?
Il faut se remplir la bouche de mots
pour être aimé ? Il faut se laver la bouche ?
Il faut la vider, sans langue
et sans dents et sans un mot ?
Ou il faut prendre les mots des livres,
des journaux, de la télé pour être aimé ?
Les mots du boucher, de l'enfant ?
Il faut faire des phrases avec de la vie,
ou faire de la vie avec des phrases ?

(Il faut arrêter de faire, jamais il faut ?)

Pourquoi moi maintenant je dis je suis seul ?
Pourquoi tout ce monde autour de moi
ne parvient-il pas à me traverser ?
Les gens qui vivent là tout près
ne me traversent pas ?
Ils traversent du vide ?
Je suis vide ?
Je suis du vide avec quoi autour ?
Alors je mets des mots dans le vide ?
Ou les mots sont vides ?
Du vide plus du vide ça remplit quoi ?
Ça menace quoi ? Ça menace qui ?
Ça menace moi ou quoi ?

(Et moi je menace qui avec mon vide ?)

Ce point si mince et friable,
est-ce le cœur des hommes ?
Le mot cœur rime-t-il avec pleurs ? Avec bonheur ?
Ou peut-être j'incarne l'incendie de ma propre joie,
je n'entends rien au bonheur ?
Je suis sourd ou quoi ?
Être à demi sourd ne me rend-il qu'à demi vivant ?
Fait de ma vie un vent, un souffle-au-cœur ?
Je n'ai que mon cœur, ne peux compter que sur lui ?
Être heureux c'est ne pas souffrir ?
Alors je suis le sans-souffrance ?
Je suis le sans-mots pour nommer la souffrance ?
Être ça, en-deçà de rien qui est ?
N'être que ça ?

(Peut-être c'est déjà pas si mal ?)

MARC BLANCHET

(1968)

Une volée d'oiseaux s'abat sur ton sommeil.
Tes mains saisissent les draps
– Serres de peu de pouvoir.
Tu n'auras jamais le cri aigu de l'aigle surgissant
De tes entrailles pour se quereller avec les dieux.

L'image du ciel est sans limite, aucun artiste
Pour en achever l'espace infini, et tes yeux
Dévorés par les corbeaux de l'heure abandonnent
Leurs visions dans le ventre des oiseaux noirs.

Ils étaient beaux pourtant les éperviers
Dans le château de ta jeunesse, repérant leur proie
Dans le prolongement de ton bras. Ils furent les gestes
De tes premiers émois, et ta colère débusquait
L'infidèle – ami sans lendemain, mortelle maîtresse.

La chasse s'étiole, le monde devient lisse
Et les oiseaux ricochent comme des pierres
Sur les murs des cités. Une ombre grandit
Dans ton dos, ses ailes recouvrent l'heure
Et tu sens sur ton épaule – main si peu fraternelle –
Une serre, une seule suffit, t'enlever de ton sommeil.
La gloire d'hier reste à terre, ce sourire de combattant
Qui fut ta seule force mêle ses lèvres à des pleurs,
Et parmi des oiseaux revenus d'autres terres
Que ta mémoire, tu t'élèves arraché à tes rêves.

Et voici le dieu égyptien. Il te sourit, ouvre
Sa gueule et t'engloutit. Si tu le peux encore,
Réveille-toi. J'ai besoin de te savoir en vie pour m'endormir.

Les pins s'agitent sans le moindre vent. A-t-on deviné
Leurs secrets ? Et brûleront-ils cet été de ce bel incendie
Qui bloque les trains et multiplie le nombre des amants ?
Les pins s'interrogent et en bas d'eux : la mousse
– Qui se souvient du sommeil des dieux.

Si l'érosion de cette terre se poursuit, si l'acidité des pluies
Ne se dément pas, nous retrouverons le monde d'autrefois,
Des squelettes de géants et de nymphes
Et ce sanctuaire où subsistent – je le crois volontiers –,
Quelques larmes de ce temps-là. Les pins savent tout cela,
Leur moindre mouvement avoue ce partage, le Temps
Est enterré parmi leurs racines et les ronge plus
Que le mal des saisons, les ronge plus que de raison.

Belle époque que l'ignorance, quand ils vivaient
Dans la complicité des astres, que des chemins de sorcellerie
Serpentaient dans leurs flancs, que l'éternité mangeait
Dans la main des princes. Tendre mémoire qui les tient droits
Et les empêche de disparaître d'un coup
Sous l'œil étonné de la race humaine. Les pins
Savent cela, la mort ne leur est pas donnée, seul le feu
Les recueille comme l'assoiffé prenant l'eau d'une fontaine
Dans sa paume. Et lorsqu'il relève les yeux de la source
Une image danse devant lui : c'est une déesse,
Et sa chevelure sent la profondeur des pins d'autrefois
Quand la sève se mêlait au sang des morts
Et qu'il y avait cette braise dans le cœur que l'oubli n'éteint pas.

CHRISTOPHE DAUPHIN

(1968)

UNE HALEINE DE LOUP (*Manifeste*)

Le vent des regards flambe sous les paupières
J'appelle poème la mélancolie dont nul ne s'est emparé
Une nuit sans bretelles qui roule au fond de l'estomac
Des mots lapidés dans la pierraille du paysage

J'appelle poème les parois du mystère qui nous entoure
Le ventre de la femme jetée vers l'avenir d'un ruisseau à écrevisses
La même voix déchirée qui s'étend sur tous les feuillages
La phalène du solitaire qui tisse au fil de l'eau

Dieu est mort d'une fluxion de poitrine
Un couteau d'amour s'agite comme un soleil
On écrit pour porter le rêve au fond de nos certitudes
Parce que les moustaches des méduses ne repousseront plus

La poésie est une écriture sans âge qui sent le chien
Qui cherche à croire en l'homme et en sa liberté
François Villon de ton épaule tombent les couloirs d'insomnie
L'alouette qui dénoue nos solitudes d'un doigt impérieux

Le mot doit se maintenir aux frontières du cri
Comme un bouquet d'orties en travers de mon sang
Il n'est pas de lumière plus ardente devant les portes cochères
On ferme les yeux et on passe aux aveux

La lune dans mes mains je soulève tes cils de sommeil
Le surréel c'est en nous qu'il faut l'atteindre
La voix lèvera la moisson de l'oubli
Les becs de gaz à plumes de colibri

Je cherche des lueurs dans la nuit de Maldoror
Un poil de barbe qui brille comme un miroir
La poésie n'a aucun sens sur le chapeau d'une jeune fille
Si elle n'engage pas ta vie la clameur de vivre

Jusqu'au sommet des débris de glace du pôle Nord
Le poète inscrit le vol librement choisi de l'oiseau
Je meurs et deviens les plaies entre deux poignards d'os
Le chant qui demain nous rendra la vue

AQUARIUM

Le nœud coulant du brouillard est l'île tropicale de mon sang
La vie s'ouvre comme une huître dans la prison de l'absence
Le support des épaves du jour

Les dents du sommeil dans l'ombre de mes pas
Je vois brûler une forêt d'hommes
Emmitouflés dans les plaies de l'hiver

Je vois l'oubli
Une nacre dépolie sur les ailes des moustiques
La pluie accompagnée de son chien
Le picador qui s'acharne sur le toro
En jets saccadés de rails

Pierre jetée dans le ciel du hasard
Les seuils soulignent le silence
Qui traîne ses racines comme une combe à souvenirs

Géraniums volcans révoltés
Toutes les capitales d'Europe sont des continents enfouis
Dans le hurlement du soldat inconnu
Mort pour la patrie ou pour mes couilles

Je déclare en faillite
La banque de la raison et celle du langage
Je jette un pont fantôme entre le sommeil et l'enfance
L'île-poignard allume la rampe de l'escalier de mes vertèbres

La rue est ivre comme le poisson-déserteur
J'écris un poème pour survivre
Afin que jaillisse le cri dans la cale du bateau-vivre
Qui cache bien ses remous

Le cœur en papillote
Je tremble d'amour
Dans le calme d'une rue peinte par Giorgio de Chirico

Encore huit heures de bureau aujourd'hui
Station « Maison Blanche »
Le métro passe à l'heure des villes improbables
Quel gâchis que ce désert conçu
Qui emmêle nos vies aux algues de la mer

Le rêve part avec la rive
Le cutter des yeux
Le parfum d'une femme que je ne connaîtrai pas
Et qui s'égare sur mes lèvres
Où cicatrise la lèpre des papillons

Un regard courbe au passage de midi
Qui s'efforce de déplier le bonheur
Sur la fougère de nos paupières

La barque du quotidien chavire sous l'avenue d'Italie
Tout s'éteint dans l'encre noire des lampadaires
Le silence
Immense comme la vue le boulevard Saint-Germain
Les mots et les gestes que le vent torture
Le silence
La vraie solitude

Une libellule éclate dans les cloches du printemps
Mon visage dérive vers des plages muettes
La voûte en ruine des jours

Ah ! se taire
Se taire et ruminer dans l'ivresse du sang
Qui n'a ni couleur ni saveur

Se taire dans la mécanique des ombres
Avec pour seul bagage les syllabes de l'oubli
Terribles comme la soif et la folie
L'ancre jetée au bord du précipice

Il tombe ce soir une nuit à pistolet
Une nuit pour l'explosion des regards
Que les pavés de l'amour finiront bien par soulever.

Les Vignes de l'ombre
(La Bartavelle, 1996)

SAÏD DIB
(1969, Algérie)

1

Viol rongé, fermeture,
ennemi m'échappe à séquestrer
jouissances et juges.

Entre et contre outrage et couteau,
je donne ma chatte aux langues,
ma honte aux cimetières.

Un lac mine mes lèvres,
détaille poussière chaude,
ressuscite un verso sympathique.

L'abandon est un taureau mort.

2

Pauvre cible dite nature blanche,
j'espérais de tes doutes un vertige :
flux d'insultes et griffe offensée.

Squatte l'humus et meurs.
si tu ne livres tripes,
mes lilas se tamponnent
des guérillas larvées.

C'est le chaos
qu'il faut aux portes orphelines,
le galop, le crachat,
la secousse alternée
de l'hiver et du feu.

3

Cloison pendue,
passeport névrosé,
je prends l'audace et cingle vers la fange.

Là-bas : frisson, libre détente.

Je n'ai démon qu'égo
pour accrocher mon âme
au meurtrier dessein de l'oxygène.

Absence de gare...
J'inspire la fureur du vide.
Je fais l'amour à des puzzles.

4

Sinistre, détraquée,
l'espèce médit sur mes déluges
jalouse mes traverses,
entrave tout secours.

J'eus préféré délicatesse
à cette aiguille de gourgandine...

Mon berceau se serait tissé
d'ailes amovibles
et le fiel azoté tapissant mon palais
serait mort d'un venin de baiser.

5

Le crâne et le mépris.
Voilà ce que j'oppose à l'osier qui m'ignore.
Je suis un rail.
J'immole règnes, broussailles,
répudie ouate et fouet,
révoque suffocations.

Tout m'est propice :
herbe lâche, temps mercenaires,
Bientôt,
j'irai en crabe démolir le chaos.

6

Trop d'écume, de seins
ébouriffent en beauté
l'amer genou de nos langages.
Nos doigts portent un grillage
angoissant pour l'azur.
Un fossile, au rebut, dit
qu'il ne faut pas rire
du paradoxe emprisonné.

Le corps est un enclos analphabète.

7

Par chance, l'arche cède,
l'altitude s'étiole,
et les jambes levées
tu corriges ma bouche.
Ce qu'il faut de brasier, de blé mort
pour résoudre naufrage,
je le chipe au corsage des brumes.
L'automne bave, manchot,
n'ayant que faire des niches
quand le sang qui refuse l'épilepsie des chairs
consomme une amnésie.

PATRICE NGANANG

(1970, Cameroun)

CHANSON DU VENT QUI PASSE

Passe le vent, blase ma peau
    Effrite mon corps, ronge ma chair
Secoue mes os, assèche mes veines
    Rougit mes yeux, passe le vent

Et que reste-t-il de mes illusions
    La nuit qui chante
Dans mon âme, qui danse en
    Ma ville, alors que passe le vent

Éclatent mes certitudes, roulent
    Les têtes, emportant les chapeaux,
Avec le vent, les corps suspendus, passe
    Le vent, encore et encore dans ma ville

Que reste-t-il de la nuit, sinon
    Ce vent, ce vent qui encore et encore
Passe, et emporte dans le jour
    Mon corps en poussières.

L'INITIATION À LA DANSE

Viens, danse avec moi
    Donne-moi ta main tes hanches
Suis mes pas un deux tourne tourne
    Retourne position départ

Lâche-moi va va plus loin reviens
    Donne-moi ton corps que je te serre
Dans mes bras contre ma
    Poitrine ton corps osseux viens
Mais viens donc, danse avec moi
    Laisse-toi aller reviens oui reviens
Te perdre dans mon corps
    Serre-moi contre toi que tes os me
Traversent la chair
    Que ton glaive me sectionne le
Corps que mon corps danse Ô
    Danse en convulsions lentes
Lentes jusqu'à ton royaume
    D'éternité, mort, seule cavalière
Restante de ce bal des ombres.

ANICK ARSENAULT

(1971, Québec)

LES ÉTOILES DE SABLE

« Par celles qui galopent haletantes
Qui font jaillir les étincelles
Surgissent à l'aube
Soulèvent la poussière
Et entrent dans Jama (...) » [1]

Au Nord très haut le bout des doigts au front pour commencer :
l'ombre errante fusionnée aux membres inertes
poursuit quelques vivants rassemblés cette nuit
dans une foule bigarrée aux accents de distance
où le lien tient en l'humanité même des témoins et des absents
ceux qui dans un désert sur une île ou une montagne
couvrirent la douleur d'un baume d'harmonie rauque
changeant les maux en instants vivables

elle est pâle
parmi eux qui gigotent
au son des batailles passées perdues ou gagnées
chantées par des voix immenses
dans un cercle d'intimes voyageurs arrêtés
le temps d'un souffle et d'une gorgée

elle est aussi ailleurs si Noire
calme résignée maintenant

puis elle le voit
lui
juste à sa gauche
tranquille et attentif
presque seul

1. Sourate C du Coran.

elle va exploser à côté de lui
kamikaze au cœur bouillant lancée à l'aveuglette
les yeux brillants la peau suintante de murmures

il l'attrape au vol

en dégustant sa cigarette comme un joint qu'il aurait vu grandir
il dit : les mères sont la source et les racines du monde
les femmes sont belles partout au monde
les enfants sont les cadeaux d'un dieu

ses mots peuplent sa bouche
comme de petites menthes savoureuses
et il sourit et il marche et il prend une gorgée de bière et il est
[magnifique
dans ses belles paroles et ses beaux concepts

Puis au Sud assez bas la main sous les seins :
elle s'appelle Sofiya ou Amina ou Stéphanie
a cru les paroles de cet homme bandé devant elle
elle se voyait légitimée et à l'abri avec ses enfants

la fille pâle ne connaît aucune sourate mais marche à ses côtés
les yeux palpitants braisent la peau
elle voit certaines femmes au visage de toile souple
au corps étoilé sur le sable refroidi
les yeux miroitant le noir des cieux cruels
elle voit certaines femmes éclatantes
debout avec une petite rivière sur l'arc de la joue
quand les enfants sont endormis au seuil de la nuit
elle voit d'autres femmes aux seins plats de lait bu
le dos courbé sous le soleil les hanches vidées
puis d'autres encore les mains jointes
ou grandes ouvertes face à l'étranger passant
le visage offert près des pieds

Amina ou Sofiya ou Stéphanie accepte de prendre sa main

elle glisse ses paroles dans son verre de rhum
de la teinte exacte de la peau de cet homme

il parle et il sourit et il l'embrasse enfin et il est magnifique dans ses
[belles paroles

et sa langue

les femmes vues prennent secrètement possession du moment
c'est son tour au Nord
liquéfiée
leurs trésors sombres se transvident à travers elle
tresses d'envies veines liées même sang

et son sexe

les heures passent
elle le reconduit

il part
avec ses promesses dans les poches flasques

mais voilà qu'accourent
les têtes des filles-mères dépassant du sol
celles des divorcées victimes de la charia
leurs corps pétrifiés dans la terre
les pierres effilées volantes
lui explosent au visage
puis les autres ailleurs
les sexes cousus entaillés sacrifiés
défilent et des filles courent haletantes
hors des bûchers des cordes aux poignets
le crâne rasé les robes enflammées
torches féminines tournant vers le ciel
des prières hurlées comme un constat d'innocence
face aux poursuivants à semer têtes basses
au début des arbres ou dans une anfractuosité
des vierges se terrent sous des oripeaux mensongers
d'autres se cloîtrent dans un mutisme désolant
certaines attendent aux fenêtres de bois
la réponse d'un dieu mâle impuissant au regard fermé

toutes elles tourbillonnent dans l'esprit égaré de la pâle
dans des odeurs d'écorces grillées
la fumée jaune odorante dansant entre les flammes
au gré d'un vent moqueur
les mouches se tiennent à proximité
les vautours guettent
les chacals ricanent
des âmes infatuées de foi rôdent
utilisant le nom d'un autre
près des caniveaux à ciel ouvert

elle se lève

elle veut semer des mots comme de petits cailloux blancs
mais les garde enfouis sous la langue

la planète est vaste
les femmes sont belles partout dans le monde
il continue de voyager
de l'est à l'ouest la main droite ouverte
en un va-et-vient à la hauteur des épaules
la croix brandie
sous la toile distendue

SANDRINE ROTIL-TIEFENBACH

(1971)

DISSIPATION

il fallait un grand souffle
pour que la terre achève de se tordre
gonfler le feu de l'écorchure
jusqu'à sa dernière cendre

il est venu
dans une brasse légère
a couvert le cri de l'arbre
redessiné sa peau

l'écorce ne savait plus parler
il n'a donc rien su
ni qu'il avait caressé une morte
ni qu'il l'avait ressuscitée

a

Les mots se tournent autour
ils sont trop pleins d'aveux

La peur se mord la bouche
en rigoles, son sang neige

sur les seins blonds des dieux

b

Tes yeux, Réalité, sont deux précipices.
dans l'un tournoie le vent
des serments tacites que tu y as jetés
je suis le fond de l'autre

c

Le soleil se lève, irrévérencieux
d'entre deux touches de piano

une note au fond de l'œil
la clé tombée au sol

CLAIRE GENOUX

(1971, Suisse)

NE RIEN DIRE DE MON CORPS

Ne rien dire de mon corps
que les sommeils colportent d'une nuit à l'autre
comme un cavalier nu
ne rien dire des veines décousues par les doigts des hommes
ni de cette poitrine sur laquelle marchent les oiseaux
ne pas parler non plus des fées féroces
que le travail a penchées sur leur rouet
surtout ne pas citer les mots
qui ouvriraient mon ventre comme une voile

Puisqu'elle ne compte pas plus cette nuit
qu'une gorgée de vin tiède
avalée au bord de mon ventre
puisque le jour viendra
traîner ses outils sur le sol noir
et retourner la terre
fredonnons-le à visage découvert
le récit de cette nuit
– comme une chanson à boire

Que le vent soudain – à la pointe de ses doigts
écarte la couronne de tes cheveux
et je me mettrai à rouler mon dos sur celui des collines
sucerai avec insistance le pépin des forêts

mais si mon corps s'assortit mal à la foule des amoureuses
dévidant leurs langues
je me coucherai contre le haut cimetière
épluchant avec orgueil mon oignon d'années

J'ai dit que je partais pour toujours
laissant derrière moi
l'été dont s'encombrent les arbres
et j'ai menti
moi qui n'ai jamais quitté personne

j'ai seulement pris sous mon bras
le cadeau du soir
me rappelant ces quelques notes
que tu as jetées à mes pieds comme un bouquet fané
tandis que j'emporte
tranche par tranche dans un mouchoir à carreaux
le repas de ton corps

CLAIRE BOITEL

(1972)

Je m'endors : le ciel m'offre ses vitraux
et ses carcasses de nuages,

la terre de ma bouche s'enfonce,
mes yeux coulent,

la montagne à qui je faisais l'amour
s'effondre dans la brume,

la mer apparaît, en pente,
et me happe,

des coraux me traversent, avec leurs longues pattes
et leur crâne effiloché,

sur son lagon d'épaules, ma tête est un piment,
un fruit brûlé.

Les têtes des gens, choquées comme des verres, laissent filtrer des cadences rouges, des muqueuses, des cercles de métal.

Tassés dans la boîte de sardines d'une seule pensée, les regards sont figés dans la graisse, la peur et une joie aux minuscules œufs.

Découragée par cette nouvelle religion, je m'habille et je sors de moi-même, de cette maison aux os mous.

*

La Forme géométrique s'approche, me tend une main chargée de brouhahas ; j'y distingue le saphir d'une vitre, une polyphonie de portables, les clés de la tête d'un homme.

Je pleure.

Les seins des Nouvelles Montagnes découpent l'horizon, du ciel descendent des ballons vides reflétant d'anciennes images.

J'ai imprimé tous les films qui ont giclé dans mon crâne, quelques sons folâtrent encore dans le ventre de l'air.

Je remets mon masque et me dirige vers un endroit imperceptible.

*

L'homme s'enfuit en esquissant un pas de fleur. Un champ strié de jazz et de nuit l'attend, le protège avant qu'il ne plonge dans l'émeraude fatale d'un bosquet où se déverse la piscine obscure d'une pleine lune.

MICHAEL SEILHAN-IBRAHIM

(1975)

PITON [1]

J'ai enfoncé mon torse

La pente laissait son lait chaud
Et brun
Lier davantage son front et les rideaux d'argile
Sans se battre pourtant car leurs armes sont
Aussi leurs frontières

La cécité du gouffre colmatait le soleil
L'Abrupte ne croyait pas aux cicatrices

Lorsque je me tournais vers lui
Le poète coulait dans la terre inespacée
Avalant l'éclipse mise au monde

Et cherchant en tressant
Les glaives et les osselets des volcans

Dans le vent
La Vérité poreuse

Le pan de terre m'a rendu inachevées
Ces mêmes mains qui feignent d'épouiller les rêves

1. Piton : nom donné à des sommets volcaniques escarpés de la Martinique.

MARTIN LAQUET
(1976)

quelle patience oserait encore
ralentir à la croisée des yeux ?

ce sablier, le monde
qui te sert d'alibi pour arpenter les couchants
à la recherche d'une enfance, la vie

voilà un brouillon en guise de victoire
voilà une page les lignes dorment
sous les doigts de la mer

le geste est incertain, colérique
musicien des entailles
pris dans le filet d'encre
tu étrangles le temps

à ta césure mes doigts te cherchent
un papillon survit sous les algues
et baptise mes veines

le monde s'illumine
lorsque l'archet se jette
à la cime d'un creux

---

ma mémoire abrégée
cherche une issue de secours

si je dis : « voilà tout »
c'est que j'entends son haleine
obscurcir ma vue

des reflets surnagent, des flammes sonnent
des mots sont pris dans le nœud du passé
ils prennent maintenant ton visage pour cible

ma mémoire abrégée s'abrège dans l'errance

---

de la buée sur ta poitrine
à force de goûter aux brûlures du temps

l'heure est une épaule
où ta main s'éparpille

tu finiras ton verre
avant que sonne l'étoile
qui t'indiquera la route

---

lorsque l'horizon saigne
et crache son feu
la main du silence caresse
le vide où meurt le sable
et l'oiseau éphémère
qu'on retient par les ailes
se souvient du ciel bleu

EMMANUELLE FAVIER

(1980)

À CHAQUE PAS, UNE ODEUR

Ici les murs de la maison s'évasent en eaux claires
la chaux brune des vastes villages
Boit la majuscule d'un nom.
Et je recrache l'étonnant azur, dessillé du sable
Sur l'épaule précisément la permanence du souffle
De cet arrêt brusque d'un segment.
Je n'ai plus recours qu'aux admirables cendres.

Derrière les collines, après les lacs, à l'extrémité des champs, au-delà des trapèzes terrestres, brûlant tant et plus les frontières, imprégnant à l'herbe le torchis des mers, dispersant fagots et lanternes aux vents étranges ;

Sous les voûtes, à l'intérieur de chaque creux, entre les parois, investissant le grain des cloisons, resserrant les pores de l'espace chaud, accroupissant la pensée,

Mais à plat ventre.

Elle a couru. Les lacs brillaient.
Tombée à genoux. Dans les arbres plus de feuilles.
Elle a crié. Le lac s'est tu.

Les éléments ont chaviré les uns
dans les autres au long de son cri.

Je lui ai prêté un châle, trop court.

MATTHIAS VINCENOT

(1981)

LE TEMPS, UN SOIR

C'est le temps qui n'existe plus que sur nos montres
La lumière est étrange, éclairant la pénombre
D'une autre obscurité
Vraiment le temps n'a plus l'apparence du temps
Et la nuit n'a plus l'air d'être vraiment la nuit
Peut-être que parfois, le temps n'existe pas
En tout cas ce soir-là, on ne l'avait pas remarqué
Pas vu, pas pris

C'est une heure étrangère où l'on se tient absent
À soi-même et au monde, pas vraiment en dehors
Simplement autre part
On repère souvent le regard d'une absente
Mais comme elle est absente et que l'on est absent
Souvent elle repart, et l'on repart aussi
On ne s'aperçoit pas que l'on était déjà parti
Dès le départ

TABLE

II. LA GÉNÉRATION NÉE ENTRE 1920 ET 1950

III. La génération née après 1950

INDEX DES AUTEURS

LA COLLECTION « ESPACES »
AU CHERCHE MIDI

Poèmes sur le temps qui passe, choisis par Michel Allard.
Les Poètes de la Grande Guerre, choisis par Jacques Béal.
Poèmes d'amour, poèmes d'Alain Borne
Les Cent Plus Beaux Poèmes du monde, choisis par Alain Bosquet.
Anthologie de la poésie française contemporaine, Les trente dernières années, poèmes choisis par Alain Bosquet (épuisé).
Les Plus Beaux Mots d'amour, choisis par Jean Breton.
Les Plus Beaux Poèmes sur l'eau, choisis par Jean Breton, Robert Estrade et Bernard Wallon.
La Mort et ses poètes, poèmes choisis par André Chabot.
Chagrin d'amour, Poèmes de l'amour triste, choisis par Luc Decaunes.
De la poésie comme exercice spirituel, réédition intégrale du numéro célèbre de la revue *Fontaine*, dirigée par Max-Pol Fouchet.
Les Plus Beaux Poèmes d'amour, choisis par André Giovanni.
Les Plus Beaux Poèmes du bonheur, choisis par André Giovanni.
Les Plus Beaux Poèmes sur la femme, choisis par André Giovanni.
Célébration du cheval, textes et poèmes choisis par Jean-Louis Gouraud.
Cent Poètes côté jardin, choisis par Daniel Gélin.
Les Plus Beaux Poèmes romantiques, choisis par Philippe Héraclès.
Les Plus Beaux Poèmes sur la montagne, choisis par Georges Jean.
Les Quatrains ou Robaïyat, d'Omar Khayyam, édition présentée et établie par Jean Rullier.
Les Plus Beaux Poèmes sur la mer, choisis par Yves La Prairie.
Trésor des épigrammes satiriques, choisis par Bernard Lorraine.
Les Poètes et l'univers, poèmes choisis par Jean-Pierre Luminet.
Cent Poèmes pour l'écologie, choisis par René Maltête.
Cent Poèmes pour la paix, choisis par René Maltête.
Poèmes et Récits d'Afrique noire, du Maghreb, de l'océan Indien et des Antilles, choisis par Édouard J. Maunick.
Les Cent Plus Beaux Chants de la terre, choisis par Claude Michelet.
Les Plus Beaux Poèmes sur les enfants, choix de Jean Orizet.
Les Plus Beaux Poèmes de la langue française, choix de Jean Orizet.
Les Cent Plus Beaux Textes sur le vin, poèmes choisis par Louis et Jean Orizet.
Les Poètes et le rire, poèmes choisis par Jean Orizet.
Les Plus Beaux Sonnets de la langue française, choix de Jean Orizet.
Les Plus Beaux Poèmes de Victor Hugo, choisis et présentés par Jean Orizet.
Les Plus Belles Pages de la poésie tendre et sentimentale, choix de Jean Orizet.
Le Ciel et ses poètes, poèmes choisis par Edmond Petit, préface de Jules Roy.

Composition et mise en pages par DV Arts Graphiques à Chartres.
Imprimé en France par la Société Nouvelle Firmin-Didot
Dépôt légal : mars 2004
N° d'édition : 218 – N° d'impression : 67340
ISBN 2-74910-218-9